貧困のハローワーク

Hello-work of poverty

text by Akitoshi Masuda

増田明利

彩図社

はじめに

貧困ビジネス、底辺労働、ブラック企業、ワーキングプア……。

劣悪な労働環境を示す言葉を目にすることにもすっかり慣れてしまった。

その一方でマスコミは「求人倍率過去最高」「人手不足深刻」などと報道しているが、それはどこまで本当なのだろうか。

一見すると相反する情報が錯綜する中、実際に働いている人たちはどんな状況にあり、どんな生活を送り、どんなことに怒りや不満を持っているのか。それを検証すべく多くの人たちに接触をした。

これまでに労働問題を扱った取材は数多く行ってきたが、今までの「人」にフォーカスするやり方からアプローチを変え、彼らの「仕事」そのものに着目し、一度足を踏み入れるとなかなか抜けることのできない「貧困の罠」とでも言うべき職業の実態を描くことに注力した。

取り上げた職業は、飯場労働者、シングルマザー風俗嬢、テレビ番組製作会社ＡＤ、ソープランドのボーイなどの存在は知られているが実態はあまり語られてこなかったものや、チェーン居酒屋店長、工事現場の警備員、オフィスビル清掃員、トラック運転手などのすぐ身近にあるもの、製缶工場の派遣社員、日々紹介の労働者、フリーターなどの非正規労働者など17種類に及ぶ。

また、職業とは異なるが、劣悪な労働の先にあるものとして、生活保護受給者の生活、ホームレスとしての金銭の稼ぎ方なども取り上げた。

取材を通して見えてきたのは、一度でも非正規に足を踏み入れると正規雇用に戻るのは極めて困難になるということ。また、雇用の継続性や賃金はある程度保証されているはずの正社員でも、実態は名ばかり正社員で決して恵まれているわけではないという事実。

雇用環境の劣化は深刻で労働者の多くは「生かさず殺さず」という状況に置かれており、希望や未来を失いかけているというマイナスの印象が強かった。

本書に登場する中には極めて特異な状況の人もいるがこれは生きづらい社会の副産物であり、なぜこういう状況に陥るのか、何がそうさせたのかを考察しなければ未来を構築することはできない。

貧困のハローワークを通して、彼らの声に耳を傾けてみてほしい。

貧困のハローワーク

目次

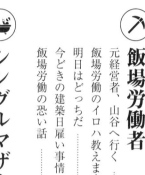

悪徳訪問販売の営業マン

テレビ番組制作会社ＡＤ

トラック運転手

製缶工場の派遣社員

居酒屋チェーン店長

工事現場の警備員

フリーター

ソープランドのボーイ

ブラック企業のＳＥ

フランチャイズ唐揚げ店オーナー

オフィスビル清掃員

【著者自らが体験】

年末年始の短期アルバイト

日々紹介の労働者

生活保護受給者の生活

職業ホームレス

※本書はノンフィクションルポルタージュであり登場する人物のストーリーには脚色を加えていないが、プライバシー保護の観点から氏名は仮名としました。また、本書は過酷な労働の実態を明らかにするものであり、職業差別を助長する目的は一切ありません。

飯場労働者

WORK NO.01

氏名／湯川邦寛（55歳） 出身地／東京都武蔵野市 現住所／東京都台東区
最終学歴／大学卒 主な職歴／工務店経営6年
現在の職業／建築日雇い 収入／日給1万2000円前後 家族構成／近親者なし

元経営者、山谷へ行く

「3日前までは契約で飯場《はんば》に入っていたんです。現場は八ツ場《やんば》の近くでダムの基礎工事。2週間の契約が終わったので一昨日の昼にここ（山谷）に戻ってきたというわけです」

湯川さんは山谷を根城に2週間～4週間の期間で関東近郊の建設現場へ働きに出る。土木作業員の間では流れ人夫と言われている人だ。湯川さんがこの道に入ったのは98年頃。それ以前は都内で小さな工務店を経営していた。

「もともとは死んだ親父が興した下請け会社なんですが、バブルの頃は凄かったんだよ。栄養ドリンクを飲みながらあちこちの現場を回っていた」

当時は20代後半だったが月収40～50万円は当たり前。たまに現場で一緒になる鳶職人は月70万円の稼ぎがあると豪語していた。

「俺が30歳のときに親父が心臓を悪くして亡くなってしまいましてね、自分が商売を引き継いで社長ということになりました」

ところが1年後には不景気へ真っ逆さま。仕事は日に日に減っていくし工賃の引き下げもきつかった。

「それでも何とか6年ぐらいは持ち堪えていたのですが98年の年初に連鎖倒産に巻き込まれちまったんだ。受け取った手形は紙くず。こっちの支払いも止まってしまったので銀行取引停止。まっ、早い話が倒産したわけなんだ」

あちこちから「金払え」「訴えるぞ」と矢のような催促。これで奥さんがノイローゼのようになってしまったそうだ。

「身の危険を感じるようなことが何度もあってね。これはマズいと思い離婚して妻と娘は義兄のところへ逃がしました。何の責任もないのに脅迫まがいのことされちゃかわいそうだよ」

湯川さん自身は仕事仲間や従兄弟のところで短期間世話になったが、そうそう長居できるわけがなく当然のように日雇い労働の世界へ流れていった。

「なぜ山谷なのかというと、工務店をやっていたときにここから作業員を調達したことが何度もあったから。あそこへ行けば何とかなると思いました。実際、ここまで生き延びているんだから何とかなったよ」

ここで得られる仕事のほとんどは建築関係。建物の解体、鉄筋組み、コンクリ打ち、電気、水道、塗装、内装、タイル貼り、左官など。

「俺はショベルカーやブルドーザーを運転できるので仕事はすぐに見つかりました」

道路工事、掘削工事、側溝掘り。こういう仕事が主だったところだが、これまで仕事が途切れることはあまりなく、どうにか生き長らえてきた。

「初めて来た頃は簡易旅館に月契約で泊まっていたんです。3畳間で1日2000円。月6万円払っていたのですが最近は飯場の仕事が多くなってきたので引き払ったんです」

この3年くらいは景気が回復しているのか遠方の仕事が増えている。日当は東京での仕事より1000円以上高い。

「日当1万2000円で2週間、3週間の仕事だから助かっている」

家賃は高めの設定だが保証人不要というアパートもあるので契約しようかと考えたが、借りたところで寝起きするのは月に5、6日。ほとんど使わなくても水道光熱費は基本料金を払わなくてはならない。それが馬鹿らしくて仕事と仕事の合間だけ馴染みの簡易旅館に泊まっているということだ。

飯場労働のイロハ教えます

建築現場の仕事は「現金」と「契約」に分けられる。現金というのは1日限りの仕事で8時〜17時まで働き、夕方に日当をもらっておしまい。文字通りの日雇い仕事だ。契約というのは飯場に入って長期間働く形態。【賃金1万円、飯代2800円。鉄筋、埼玉、10日】という具合で人集めする。この場合、仕事は鉄筋工で現場は埼玉県内、10日間の契約。1日の賃金は1万円だが、そこから宿泊代と食費を2800円引くという意味だ。

飯場の暮らしはどういうものかというと共同生活が基本。寝起きする個室は2畳、起床は6時で全員揃って大食堂で朝飯。それからマイクロバスやワゴン車に分乗して作業現場に行くことになる。昼飯は飯場から弁当とお茶が運ばれてきて休憩は1時間。仕事は基本的に17時までだが1時間ぐらいの延長もある。ただし残業代は出ない現場もある。

終業したら宿舎に戻り、風呂に入って晩飯。その後は自由時間だが麻雀や花札で遊ぶ人が多い。就寝時間は特に決められていないが23時頃になると大半の人は寝床に入る。ある意味、とても規則正しい生活をしていると言えなくもない。

「飯場仕事はまとまった金を稼げるんだが天候に左右されることがある。雨が降ったら大損することもあるんだよ」

日当1万円、飯代2800円の10日契約で飯場暮らしをしたとしても雨で仕事が中止になったらその日は1円にもならない。それでも飯代は容赦なく1日2800円引かれる。10日間きっちり働ければ賃金10万円。そこから飯代10日分2万8000円引いて手取り7万2000円だが、3日工事が止まったら手取りは4万2000円にしかならない。

「ボッタクリも結構あるからね、要注意だ」

飯場には売店のようなよろず屋があるが、これがひどいボッタクリ。タバコ、カップ酒、食料品、下着類などの値段はどれも通常価格より高い。460円のセブンスターが600円、200円の発泡酒が400円で売られている。

「代金は給料から天引きされるシステムになっているんだ。いい気になって買い物していたらさっ引かれる金額が軽く1万円を超えることもある」

こういった裏事情がタコ部屋労働と言われるゆえんだ。こういうところで働いているのはどういう人たちかというと、『曰《いわ》く因縁』がある人ばかり。

「一昨々日までいた飯場では40人ぐらいのうち10人が刺青者でしたよ。指の欠けている爺さんもいた」

これまで見てきた中には年単位で飯場に住み着いている人、たまの休日でも遠出することなく部屋に閉じこもっている人、前日まで普通に働いていたのにフッと姿を消してしまった人がいた。

「まあ、中には警察に追われているようなのもいたでしょうね。周りの人間も薄々は『こいつは何かある』と踏んでいたと思う。だけどそれまでだよ。余計なことを言ったりやったりはしない」

親、兄弟姉妹、家族のこと、飯場に来る前の仕事、飯場に来たいきさつ。こういうことを尋ねるのはご法度。たとえ聞いたとしてもまともに答える人はいない。

「言葉は汚いがタン壺みたいなところだからな」

すき好んでこんな劣悪な環境にいるわけじゃない。だけど他に行くところがない。そういうことだ。

明日はどっちだ

湯川さんは4ヵ月前に満55歳になったわけだが、この年齢になると建築現場での肉体労働は体力的にきつい。動きが鈍くなっていると感じることもある。

「たまに腰痛が出てね。湿布を貼って2、3日もすれば元に戻るけどガタは来ていると感じています。続けられたとしてもそのうち大きな事故を起こすかもしれないと思う」

工事現場での小さな事故はしょっちゅうで骨折や火傷で病院に担ぎ込まれる仕事仲間は多い。そのほとんどは自分と年齢が近い人たちだ。注意力やとっさのときの判断力は確実に衰えてきていると感じている。

「この半年ぐらいはスポーツ新聞の求人広告やフリーペーパーの求人誌をチェックしているんだ。だけど50歳過ぎると厳しいな。年齢55歳までという清掃会社の募集があったので電話してみたんだよ、そしたら50歳以上はビルクリーニング技能士の資格を持っていなければ採用しませんと断られたもの」

湯川さんは住所不定ということになる。住民票も持っていない。仮にハローワークを訪ねても住所がない。自分を証明するものを持っていないから対処のしようがないのだ。

「どこかにちゃんと勤めようとするとマイナンバーカードってのが必要なんでしょ、そんなの持っていないし」

潰した会社の法人登記もほったらかしのまま。もう18年も経っているから管轄の法務局の職権で抹消されている可能性が高いが幽霊みたいに残っているかもしれない。住民票も夜逃げしたところに置いたままだし、運転免許証やパスポートも失効している。本当に生活を立て直そうとしたらやらなければならないことが沢山ある。

「たまにだけどＮＰＯの人とか司法書士さんが青空相談会をやっているんだ。どうしたものか聞いてみてもいいかなって思うんだよ」

これからオリンピック関連工事が本格化するからあと2、3年は仕事にあぶれることはないだろうが、その先はどうか分からない。

「60歳近くになったら土木の仕事は無理でしょう。ホームレスになるか野垂れ死にするしかないものな」

昼間は見かけないが夜になると、どこからかホームレスの人たちが集まり公園や福祉センター近くで野宿している。どの人も老人と言っていい年齢で数年先の自分かもと暗澹たる気持ちになることがある。

「公園のトイレに段ボールを敷いて夜明かししている爺さんを見ちゃってさ。こんな死に損ないみたいになりたくないいと思ったよ」

会社を潰して逃げるように山谷に来たときは、あとは野となれ山となれと思っていたが初老と言われる年齢になって「こんなんで終わりたくねえ」という思いが強くなった。

『△□警備・ガードマン急募。日給７２００円、夜勤８８００円。社保加入、寮完備、保証人不要。57歳まで』

求人誌でこんな募集広告を見ると心が動く。

今どきの建築日雇い事情

土木関係の日雇い労働という仕事を得る手段は寄場に来る下請け業者や手配師と直接交渉し、条件が合えばその日の現場へ行き、終わったら日当を受け取るというスタイルが主流だが、ここ最近はケータイ日雇いという人集めが流行っている。

若くて体力のある労働者、経験豊富で仕事のできる労働者は下請け業者や手配師が囲っているのだ。自分で携帯電話を調達できない人には下請け業者なり手配師なりが契約して労働者に貸し与えている。

なぜそうまでするのかというと、確実に必要な作業員を確保できるというのは勿論だがピンハネできるという利点があるからだ。作業員の日当が1万円だとすると業者は元請けやゼネコンから1人当たり1万4、5000円の賃金で人繰りを頼まれているはず。率にすると約30％、5000円ぐらいを手数料としてピンハネしていることになる。

5人の労働者を専属的に囲っておけば1日2万5000円。仕事があるのは毎日ではないが月20日稼働すると50万円が仲介手数料という名目で懐に入ってくる。携帯電話を一番安い料金プランで契約し、それを労働者に貸し与えても月５０００円は掛からない。５人分で月２万５０００円としても下請け業者や手配師は何もしなくても47万５０００円が入ってくる。こんなに美味しい話はないだろう。

労働者の方は「仕事を入れてくれるから助かる」と思っているが、こういうカラクリがあるのだ。

一方、景気の回復とオリンピック関連工事、都心部の再開発などの工事案件が増えているが、肝心の労働者は減っていて人手不足感が強まっているという。ベテランの労働者は高齢となり現場でのきつい仕事はもう無理、今どきの若い人はアルバイトでもこういう仕事はやりたくない。そこへ入ってきているのが外国人労働者だ。

建物解体現場やコンクリ打ち、足場組みなどの現場でアジア系、中東系、南米系の人がニッカポッカにヘルメットという姿で働いているところをよく見るようになった。

国も労働力不足の対処法として建築労働者や製造業に外国人を入れようと計画しているという。これが正式に解禁されれば、将来は道路工事の現場監督や鳶の親方が外国人ということだってあり得ない話ではない。

飯場労働の恐い話

09年11月、英会話教師リンゼイ・アン・ホーカーさん殺害事件の犯人として全国に指名手配されていた市橋達也が2年7ヵ月の逃亡、潜伏を経て逮捕された。同人は事件を起こしたあと失踪したわけだが、この期間中の08年2月29日から6月26日まで兵庫県神戸市の建設会社に雇われ、六甲山の麓にある飯場で働いていたという（08年8月20日から10月11日までは大阪府茨木市の建設会社にも潜伏）。

市橋を雇った経緯については、あいりん地区に社有車を派遣して求職者を募っていたところに市橋自ら接触してきてその場で雇用されたという。

市橋が契約書に記入した名前は井上康介という偽名で、出身地も千葉市を横浜市と偽っていたという。仕事ぶりは真面目そのもので無遅刻、無欠勤。朝5時半〜6時にはマイクロバスに乗って京都府東舞鶴の現場に向かう毎日だったということだ。定時は17時終了だが仕事が多いときは1、2時間の残業も嫌がらずやっていたらしい。

ただし同僚らとの交際はほとんどなく、休日でも遠出することなく宿舎に籠もっていることがほとんどだったという。やはり身元が割れるのを恐れていたのだろう。

ここで疑問なのは、なぜそんな犯罪者を雇ったのかということだが、そもそも雇い入れるときにいちいち本人確認はしない。それが飯場だ。

市橋のような殺人逃亡犯は別格だが、恐らく今でも飯場に入っている労働者の中には犯罪絡みで警察に追われていたり、なにがしかの事情で姿をくらまさなければならない人もいるだろう。そういう脛に疵持つ者にとっては、どれだけ重労働でも飯場が最後の居場所ということになる。

この飯場に関してはさまざまな黒い噂話を聞いたことがある。「自然あふれる信州の牧場で働きませんか」という募集に応募したら行き先はトンネル工事や砂防ダムの工事だったとか、廃材分別と搬送が仕事だということで行ってみたら原子力発電所で原子炉での作業をやらされた、簡単な清掃作業で短時間で終わるという説明だったが、実際は石油タンク内部の清掃で石油ガスの臭気にまみれながらの作業だったなどの騙し求人もある。飯場に来る労働者は危ない仕事の使い捨て要員として重宝されている。

また、現場が人里離れた山奥にあり、そこで転落事故などが起きて死者が出た場合、昔（60年代、70年代）は焼かれるか埋められるかして処理されたこともあるそうだ。

やってくるのはもともと身寄りのない曰くつきの労働者。契約書に記入した名前も本名か分からないし本籍地や緊急時の連絡先を記入しない人が多い。警察に届け出たとしても前科者でもない限り身元は割れない。死んだとしても本人が肉親への連絡を望んでいないケースもある。それならば適当に処理してしまった方がいい。面倒な事態はごめんだということで闇から闇へ葬られた人がいたという。

建設会社の経営者には暴力団関係者やそれに近い筋の人間もいる。作業員をタダ同然で働かせたり、逃亡しないよう監視しているということもあった。実際に03年には山梨県都留市の建設会社、朝日建設の飯場で労働者が殺害され遺体を遺棄されていたという事件が発覚している。

被害者は50代の男性3名で、給料の未払いを指摘したところ社長や暴力団員らに殺害されたということだ。この事件は遺体の処理を手伝わされた作業員が飯場から逃げ出し、警察に通報したことから発覚したものだが、これ以外にも同様のケースがあるのではないかと懸念される。

作業そのものも危険がつきまとう重労働、賃金はピンハネされるし脱走できないよう常に監視の目が光っている。これがタコ部屋の現実だ。

WORK NO.02

シングルマザー風俗嬢

氏名／西村聡美（36歳）　出身地／埼玉県戸田市　現住所／東京都品川区
最終学歴／高校中退　主な職歴／フリーター約2年→ピンサロ約1年5ヵ月
現在の職業／派遣型風俗店勤務　収入／月収約30万円　家族構成／長男（高校1年生）

わたしが風俗で働くわけ

「最近は風俗業界も不景気ですね。お客さんが多いのは週末ぐらいかな。料金を下げて商売しているからわたしの実入りも前より減りました」

ホテルに派遣される派遣型の風俗、通称ホテヘルで働いている西村さん。風俗業に入ってそろそろ15年になるという。水商売や風俗業で働く女性にはわけありの人が多いが西村さんの場合も同じ。

「親はいない、兄弟姉妹もいない、離婚したから亭主もいない。それでも子どもはいるから生きていかなきゃならないでしょ。納得してるわけじゃないけど他に稼ぐ方法もないから」

親に養育放棄されたのが小学5年生のとき。離婚した父親、母親双方とも西村さんの引き取りを拒んだためほったらかしにされたという。

「仕方ないから父親の方のおばあちゃんが引き取ってくれたけど、わたしは親に捨てられたんです」

とりあえず高校には進学したが長続きはしなかった。

「高1のときに初めてアルバイトをして、お金を稼げるのが嬉しかった。おばあちゃんの家も貧乏だったから負担を掛けるのは悪いと思ったし」

もともと勉強は好きではなかったしできる方でもなかった。何とか入った高校も教育困難校と言われていた底辺校。「こんな高校は卒業しても意味がない」と冬休み直前に中退した。

「あとはフリーターですよね。コンビニ、回転寿司屋、ゲームセンターとかパチンコ屋でアルバイトをしていました」

当時の時給は概ね800円ぐらい。月25日働けば15〜16万円になったので祖母の家を出て一人暮らしをするようになる。元亭主と知り合ったのもこの頃。

「わたしより4歳上でトラックの運転手をやっていました。その頃は真面目に働いていたんですけどね」

1年半ほど同棲のような状態だったが西村さんが妊娠したため入籍、いわゆるデキ婚だった。出産したのは19歳のとき。

「子ども（男児）が生まれたのでもっと稼ぎたいと言って旦那が独立しちゃったんです。トラック1台だけで。よく考えればいいのに頭が悪いのよね」

最初は元の勤め先からいくつか仕事を分けてもらっていたがそのうち先細りに。思うように稼げなくなった亭主に「お前も働いてくれ」と言われ、先輩の紹介だと連れていかれたのがピンサロだった。

「こいつ、馬鹿なのかって呆れましたね。普通、自分の嫁にそんなことさせないでしょ」

本音は嫌だったがお金にはなった。チップなどを含めると月35万円ぐらいの稼ぎ。ところが亭主は西村さんの稼ぎをあてにして仕事をすっぽかしたり浪費に走るようになる。2Kの狭いアパートなのに40インチの大型テレビを買ったりブランド物の腕時計を買ったり。そのお金はすべて西村さんの財布から出ていくから嫌になる。

「子どもの面倒もろくに見ないで夜遊びしたり雀荘に入り浸ったりで、もうこんな馬鹿男と一緒にいられないと思って離婚しました。わたしは22歳で息子は2歳半だった」

亭主に見つからないように隠しておいたお金が200万円ほどあったのでとりあえずア

パートは借りられたが仕事は見つからない。

「中卒と同じでしょ、おまけに子どもを抱えていたからどこも雇ってくれません」

そういう西村さんでもハードルが低いのが風俗業。風俗業界専門の無料求人誌があり、それを見てファッションヘルスに飛び込んだ。

ファミリータイプのマンションあり・使用料格安、出勤日・時間応相談、託児所費用一部補助。一般の会社では考えられない厚遇だ。唯一、頼れる祖母は亡くなっていたし父親も母親もどこにいるのかさえ分からない。良いとか悪いとか、やりたくないなんて言っていられない。選択肢は他になかった。

風俗業界の人間模様

勤めたのは京浜東北線沿線の歓楽街にあった店。約束通りに子どもと暮らせる部屋も提供してくれた。かなり古いものだが2Kのマンションで使用料は月6万円。同じ地域にあったワンルームマンションでも家賃は月5万円が相場だったから割安な方だ。

仕事の中身は店内の個室での性的サービス。全身リップ、手コキ、素股などで客の性的欲求を満足させるもの。いわゆる本番行為はご法度。

肝心の収入はというと完全歩合制。客が払う料金は60分で2万円、このうちの60％1万2000円が西村さんの取り分。指名があれば1000円プラスになるという仕組みだ。

「1日に相手するのは2人か3人でしたね。半分ぐらいが指名客だったから月20日ぐらい出て70万円ぐらいになりました。他に託児所の費用も4分の1補助してくれたから助かった。健康保険とか年金はないけどね」

部屋の使用料、税金などを引かれると手取りは55万円前後。自治体の国民健康保険の保険料、国民年金保険料、託児所の費用を払っても手元には45万円近く残ったから生活が困窮するようなことはなかった。

「最初は嫌でしたよ。抵抗感もあったし。だけど綺麗事なんて言っていられないじゃない。子どもに貧しい思いをさせたくないもの。もう自分はどうでもいいから子どもには満足な生活をさせてやりたい。その一念です」

お金に色は付いていない、お金に綺麗も汚いもない。こう割り切ることにした。この店にいた他の女性たちも背景は西村さんと大差なかった。はっきり言えば恵まれた家庭環境で円満な生活をしてきたという人は皆無。

「肉親との縁が切れている子は多かったですね。あまり深くは聞いたりしないけど何かの拍子にポロっと自分の生い立ちを話すような子もいて」

あとは西村さんと同じシングルマザーの人たち。

「亭主が働かない。借金をつくって姿をくらました。女と一緒に消えて行方不明。暴力がひどくて逃げてきた。こんな感じです」

借金で首が回らなくなり金融屋の斡旋で来た（来させられた）という『闇金ウシジマくん』に登場するエピソードのようなことも本当にあった。一方、性風俗の店に来ていた客はというと、どいつもこいつもショボいのだそうだ。

「最初の店は自動車とか機械関連の大きな工場がいくつもある地域の近くにあったんです。そういうところで働いている期間工とか派遣工の人が多かったですね。会社によって給料日が違うでしょ、毎月10日、15日、25日は盛況で1日5人ぐらいの指名が入ったこともありました。でも派遣先の大企業のホワイトカラーと思う人は絶対にいなかった。こういう商売をしていると顔つきや服装、言葉遣いでどういう人か分かるようになりましたね」

ほぼ毎週末に通ってくる常連客が何人かいて、お金を落としてくれるのはありがたかったが「そんなに稼いでいるわけじゃないんだから、風俗なんかで使わないで貯金しときなさいよ」と思ったこともある。

「こういう人たちって言うことが大きいんです。俺はいつまでも派遣なんてやっている人間じゃないぜとか、いつか周りの奴らが注目するようなことをやるなんて夢みたいなことを言っていましたよ。その人たちのこと？　分からないですね、そのあとは。派遣切りとかあったときに一斉にいなくなってそれっきりですね。きっと今でもあちこちの工場を渡り歩いているんでしょ」

風俗業で働いている女性たちが幸せじゃないのと同じで風俗を利用している男たちも幸せそうには見えなかった。

いつか風俗を卒業する日

最初に勤めた店はリーマンショック後の08年11月に閉店になった。

「その後は派遣型のデリヘルとかホテヘルで働いたけど、風俗界もデフレになりましたね」

昔は60分2万円だった料金が今では50分1万6000円。競合する他店では40分1万2000円で営業しているところもあるという。客の数は4、5年前に比べると2割ぐらい減っているように感じるし、今の店の店長は風俗はもう下火でオリンピックに合わせた浄化作戦で潰されると警戒している。西村さん自身も自分の年齢を考えると先行きが不安だ。

「前よりは良くないけど普通のアルバイトよりは稼げるから学生が参入してきているんで

す。20歳前後の若い子と30代半ばを比べたら若い子の方がいいっていうのは仕方ないですからね」

少ないが固定客もいてお茶をひくことはない。しかし、数ヵ月前から昼間の堅気の仕事を始めたので月収は以前の5割程度になっている。

「子どもが今年から高校に進学したんです。そういうこともあって正直なところ風俗からは引退したいですね。去年の秋からは昼間の普通の仕事も始めたんですよ」

堅気の仕事もやってみようと思ったのは子どものことを考えて。高校入試の願書や合格後の提出書類に親の仕事や勤務先を記入する必要があるかもしれないと思ったから。

「まさか勤め先が風俗なんて書けないでしょ。ママが風俗嬢じゃかわいそうだもの」

アリバイ作り的な要素が大きかったが去年10月からはチェーン展開しているビジネスホテルでルームクリーニングやベッドメイク、館内清掃の仕事もするようになった。

「土日のみ8時間勤務でパートナー社員って呼ばれています」

日給7500円だが4週皆勤すれば6万円。祝日や平日パートの休みが重なったときは応援出勤することがあるから7万円ちょっとの収入になるときもある。

「今は店に出るのは週3、4日ですね」

風俗嬢としての収入は平均すると月25万円ぐらい。パート仕事と合わせると30万円を超える月収なので生活が苦しいということはない。西村さん本人は「そろそろ風俗から足を洗いたい」と思っているが、簡単にできないのは住まいの問題があるからだ。

「今も店が借り上げたマンションを又貸しで使わせてもらっているんです。辞めたら出ていかなきゃならないでしょ。それが悩みなんです」

不動産屋に行っても母子家庭は家主が嫌がると言われてなかなか契約してもらえない。家賃も親子2人で暮らせる広さだと8万円ぐらいが普通。これも痛い。

「都営住宅の空家募集には毎回応募しているけどなかなか当たらないんですよね」

うまく抽選に当たれば家賃は4万円台、水道光熱費込みでも住まいの維持を6万円以内に抑えられる。そしたら風俗とは縁が切れると思っている。

「14年も風俗をやっていたからそれなりの貯金は作れました。時給1000円前後のパート仕事を2つ、3つ掛け持ちすれば月15～16万円ぐらいにはなる。蓄えから5万円出せば20万円。家賃の安い都営住宅に入れたらどうにかやっていけると思うんです」

風俗の仕事をやっていて楽しかったとか得るものがあったことなどない。風俗が良いか悪いかなんてどうこう言うつもりもない。こういうものを不潔だと毛嫌いしている人がいるのも分かる。しかし、最後に西村さんはこう言った。

「風俗があったからわたしも子どもも生き延びてこられたのは事実ですよ」

WORK NO.03

悪徳訪問販売の営業マン

氏名／桂木伸也（26歳） 出身地／神奈川県秦野市 現住所／東京都練馬区
最終学歴／大学卒 主な職歴／大学卒業後フリーターを約2年→訪問販売会社
現在の職業／無職（求職活動中） 収入／短時間アルバイトで約11万円 家族構成／独身

学歴不問、実力主義の甘い罠

「前の会社のことは思い出したくもない。自分の経歴や記憶から消し去りたいんです。ところが勤めていたときの嫌な記憶が夢に出てくることがあって夜中に飛び起きることがあります」

桂木さんが2ヵ月前まで勤めていたのは健康食品、健康機器の販売会社だった。

「新卒のときに就活に失敗してしまいまして、2年近くもフリーターで過ごしていたんです。早く正社員で働きたいと願っていたところで求人広告を目にしたのが前の会社だったわけです」

この会社、求人案内には「お客さまの笑顔がわたしたちのエネルギー」「総合健康商社を目指しています」と謳っていた。

給料は初任給25万円＋褒賞金、完全実力主義で目指せ1000万円プレーヤーと煽っていた。

「普通に考えればおかしいと思うけど、そのときはフリーターから脱したいという気持ちが強くて冷静な判断ができなかった」

こういう経緯で入社した桂木さんがやった仕事は健康食品、サプリメント、健康機器の訪問販売だった。

「ルートセールスとか先方からの連絡を受けて訪問するというものではありません。飛び込みのセールスで早い話が押し売りの類なんです」

扱っていたのは粉末青汁、ローヤルゼリー、たまねぎエキス、しじみエキス、温熱治療器、低周波治療器など。

「サンプル品やカタログを持ってあちこちの団地や住宅地をしらみつぶしに訪ねるわけです。1日100軒ぐらい」

扱っていた商品はどれも眉唾物。パッケージに記されている製造業者は地方の聞いたこともない会社ばかり。健康機器も国内大手メーカーのものではなく中国製のコピー商品だった。

「安いものでも3000円、温熱治療器なら2万円近くする。簡単に売れるわけがありません」

マンションなどでは管理人から勝手に入り込むなと追い出されたり、下町の住宅街を回っているときはおばあさん相手に売り込んでいると奥からその家の孫なのかヤンキーみたいなのが出てきて「テメエ、しつこいんだ。ぶっ殺すぞ」と灰皿を投げつけられ額にケガをしたこともある。

「110番通報されて警官に排除されたこともあったな。パトカーに乗せられ事情を聞かれたんですが『君、まだ若いんだからまともな職に就きなさいよ』とお説教されたこともありました」

足を棒にしても売れるのは3000円~5000円前後の健康食品かサプリメントぐらい。それも1日に5、6個売れれば上出来だった。

成果のないまま戻ったらどうなるか。リーダーと呼ばれる上司や幹部から容赦ない罵声が浴びせられる。

「どんな手段を使ってもいい、とにかく売ってこい」「契約を取った奴が偉いんだ、取れない奴は死ね」「能なしのクソ豚は死んでしまえ、嫌なら契約だ。契約を取れ」「健康になるなら死んでもいいっていう健康馬鹿がいるんだ、そいつら見つけて売りまくれ」

こんな暴言が普通に飛び交っていた職場だったという。

高給優遇のカラクリ

社員募集の広告では初任給25万円となっていたが、これがとんだ囮広告。実際の給料はとんでもなく低い金額だった。

「基本給は14万4000円だけでしたね。月50万円の売上があると25万円なんです。50万円以上は歩合率が高くなる設定なので売れれば確かに収入が増えるわけですが自分の場合は歩合が付いても18～20万円程度でした」

基本給の14万4000円という金額は東京都の最低賃金（時給）×160時間分とほぼ同額。外回りで掛かる交通費も自己負担、諸手当ありも嘘だった。

「50万円の売上が最低ノルマと定められていたのでどんな手段を使ってでもという人が多かった。高齢者の家に長時間居座って無理やりにでも買わせるとか同業他社の健康補助食品やサプリメントを服用している人には、この会社のはインチキ商品だという噂がありますよ、こんなの口にしたら病気になっちゃいますよ。こんな嘘八百を並べ立てて乗り換えさせるんです」

ノルマを達成するには親兄弟、親類縁者に頼み込むのは当たり前。桂木さんは父方の祖父母に磁気まくら、母方の伯母、伯父、従兄などに柿の葉茶やクロレラ錠を買い上げてもらったことがある。

「あとは友だち営業ですね。大学時代のゼミ仲間、サークルの友人や後輩などに拝み倒しました」

ところが頼んだ相手からも見返りを要求されることがある。

「信用金庫に勤めている友人には30万円の定期預金を積んでくれたらと言われたし、アパレル会社にいる後輩からはスーツやダウンジャケットを買ってくれるならという交換条件を出された」

他にも個人年金に入ってくれそうな人を紹介してくれ。車の買い換えを考えている人はいないか。英会話教育のＤＶＤを買ってくれなど。

「こっちの頼みを聞いてくれるなら協力してやるということなんです」

旅行会社に勤めている友人に３万円分の商品を買ってもらったときは同額の旅行券を買

わされたし、携帯電話ショップで働いている後輩には自分と家族の携帯電話をその会社に変更するという交換条件でローヤルゼリーを5ケース買ってもらった。こういうことが何度もあったという。

「親類や大学時代の友人、知人を一巡しちゃうと次は高校時代の同級生を頼ったりしたのですが卒業して7、8年、その間にクラス会などで2、3回しか会わなかった人が多いからそんなことを頼まれても困ると露骨に嫌な顔をされました。こっちも惨めというか肩身が狭かった」

それでもノルマ未達だと容赦ない吊るしあげが待っている。「役立たず」「給料ドロボー」と怒鳴られたり頭を叩かれたり。

「それが嫌だったから納品書に適当な名前と住所を記入して自分で商品を購入するようになりました」

こうして、いつしか部屋の中には自前で引き取った商品が山積みされていった。

借金苦で自己破産

「扱っている自社商品の自腹購入は働き出して1年後ぐらいから始まりました。少ない月で4万円。多いときは8万円も買い取っていたんです」

問題はその費用の出所だ。給料は手取りで14万円ぐらい。家賃などの固定費を払うと残るのは7、8万円だから費用を工面できるわけがない。

「最初はクレジットカードのフリーローン枠で30万円借りました。限度額を借り切ったらあとは消費者金融へ一直線だった」

大手の消費者金融で借りられなくなるとスポーツ新聞やマンガ雑誌に広告を出しているちょっと危ないところへ。金利は法定限度上限というきつさ。

「クレジットカード2枚で70万円。消費者金融が4社で130万円。たった8ヵ月で200万円もの借金を作ってしまいました」

金利はまちまちだが1ヵ月分の利息の合計が約2万2000円。破綻するのに時間は掛からなかった。

借金でパンクするのと同時に会社も辞めた。自主退職という形だがクビ同然。

「売上が低迷したら、『お前は使えねえ、もう来るな』『この仕事、向いてないな』という言い種だった。絞れるだけ絞ってもう親類縁者、友人、知人からお金を引き出せなくなったので用済み。そういうことなんです。最後は殺意というか、もの凄く黒い感情が湧きました」

殺人事件を報じる新聞記事に「つい、カッとなって殺してしまった」という犯人の供述が載っているが、こういう制御できない激情だったのだろうと分かる気がしたそうだ。

それでも堪えられたのは、こんなくだらない連中のために人生を棒にふりたくないという理性が働いたからだ。

「200万円の借金は返済できる見込みがありませんでした。実家の親だって簡単に出せる金額じゃありませんしね」

頼ったのは法テラスで、そこで自己破産と免責の申し立てをするように指導された。そうは言っても費用が掛かる。

「約40万円と言われましたね。とても工面できない金額だったんですが大学時代の友人のお兄さんが弁護士さんだったんです。洗いざらい事情を話したら分割で引き受けてくれまして。督促の電話や取り立ての人間が押しかけてくるのは止まりました」

申し立てから自己破産の決定と免責の許可が出るのは4〜6ヵ月後。弁護士からは遊興費や賭け事で作った借金ではないから裁判所も認めてくれるはず、大丈夫と言われているが、それでも、もし不可とされたらどうしようという不安も大きい。

「今の暮らしぶりですか？　まっ、フリーターというか、午前中はパン工場、夕方からは食品スーパーとアルバイトを掛け持ちしています。昼間3時間ぐらい空き時間ができるのでこうしてハローワークへ来ているわけでして」

辞めた会社のことは早く忘れたいが、ときどき夢に出てくる。

「テメエ、目ん玉くり抜いてやろうか」「役立たずの無駄飯食い、くたばっちまえ」

こんな罵声を浴びせられている夢を見て、夜中目覚めることがある。

履歴を汚され、借金漬けで禁治産者にさせられた。恨んでも恨みきれない。

自爆営業、その実態

自爆営業とは法的な用語ではなく、広く一般に定着しているものでもない。端的に言えば販売ノルマを達成できない従業員が達成できないノルマ分の自社商品を自腹で購入すること。

桂木さんは自爆営業に手を出し破綻に追い込まれたわけだが、実は自爆営業は営利会社では多かれ少なかれ横行している。

こうした自爆営業が発生する背景としては売上を向上させたい、利益を確保したいという会社側の事情と、嫌なことでもやらなければ査定を下げられる、転職が厳しく我慢するしかないという労働者側の事情がある。

毎年暮れになると金券ショップの店頭に年賀ハガキが並べられる。郵便局で購入する正規料金は52円のところが48円、49円で売られているとお得感があるが、実はこれが自爆営業で持ち込まれたもの。

日本郵便が職員に突き付ける年賀状の販売ノルマは1人3000～1万枚。およそ達成できないノルマが課されている。ノルマを達成できなければ自腹で買い取ることになるが、買い取ったところで3000枚もの年賀状を出すわけがないから損を被るのを承知で金券ショップに流すことになる。

買い取り価格は1枚42～44円なので1000枚だったら8000円から1万円の損を被ることになる。正社員ならまだしも非正規社員だったら死活問題だ。

金券ショップには旅行会社の旅行券や飲食店のお食事券も並べられているが、これも自爆営業が関係していると考えていい。どれも自費で購入させられた人がダメージを少しでも軽くしようと持ち込んできたものなのだ。

あちこちにあるリサイクルショップではまったく未使用でパッケージも破られていないパソコン、プリンター、CDラジカセ、高給時計などが置かれていることがあるが、これも大半が自爆営業の流れ品。

超激安を謳い文句にしている食品スーパーで38円、50円で売られている缶入り飲料やスナック菓子などは販売代理店がメーカーから押し付けられたものを、損を承知でブローカーに流したものということがある。

値の張るものだと中古車販売店やバイクショップでたまに目にする新古車。年式もモデルも最新で走行距離は20キロというものが新車価格の3割引きで売られているが、これは販売実数を上げたいメーカーが販売会社（そこの社員）に一度新車登録させてすぐに廃車にしたものを再販売しているらしい。

保険会社では新商品が出るたびに自腹で家族が加入しなければならないことがある。そうでもしなければとてもノルマはこなせず、毎月の保険料が15万円を超えることも。保険会社の社員だから給料はいいはずだが自腹保険料の負担が大きく、仕方なく妻がパート仕事を始めるケースもある。

旅行会社では企画したツアーにノルマを設けていて、売れなかった場合は5～10万円の自腹で家族を連れていく。一般参加者は半分程度で社員旅行、家族旅行状態なのだそうだ。

化粧品会社では決算月に3万円分の自社商品購入割り当てがあり女性は乳液、保湿クリーム、口紅、シャンプー・コンディショナー、毛染め材など、男性はシェービングクリーム、整髪材、育毛剤、オーデコロンなどを協力購入するように促される。

こうして見てみると自爆営業はいろいろな分野に広がっていることが分かる。

自社製品にしろ取引先の商品にしろ社員に自爆営業を義務付けたり強制するのは違法で、それをしない社員を不当に扱うのも違法だ。だからといって自爆に困った社員が会社に文句を言うと査定を下げられたり、リストラの対象にされて立場が危うくなる。何とも嫌な世の中だが、これが現実なのだ。

WORK NO.04

テレビ番組制作会社ＡＤ

氏名／遠藤輝彦（29歳）　出身地／東京都立川市　現住所／東京都葛飾区
最終学歴／専門学校卒　主な職歴／プログラマー3年→フリーター3年
現在の職業／テレビ番組制作会社ＡＤ　収入／月収約18万円　家族構成／独身

局員１０００万円、下請け２００万円

「冗談じゃなくて今日は何月何日なんだろうかとか何曜日だったっけと思うことがありますよ。仕事をしていても意識が飛んでいることもある。自分でもよく死なないなと感心するね」

　血色が悪く眠たそうな顔で溜め息をついた遠藤さんはテレビ番組制作会社に所属しているＡＤだ。

「ＡＤというといかにもな業界人と思う人が多いのですがやっていることは雑用係です。まっ、怒られるのが仕事の大半です」

この仕事に就いて3年目になるという遠藤さんの社会人スタートはＩＴ業界。情報処理系の専門学校を卒業してソフトハウスで働いていたがサービス残業が多くて退職。その後はフリーター的な仕事をいくつかやっていた。

「今の会社へは知人の紹介で入りました。華やかな世界に思えたしちょっと面白そうじゃねえかという軽いノリで足を踏み入れたんですが現実は違っていた」

遠藤さんは制作会社の社員ということだが会社は社長以下4人の小所帯、オフィスは都内の雑居ビルの一室だ。在京キー局の近くに事務所があるのは下請けでも大手だけ、孫請け、ひ孫請けはこれが精一杯。

「一応、社員ということで働いているんですが雇用保険、健康保険、厚生年金には未加入です。社員といいながら偽装フリーランスですね。そもそも雇用契約書も交わしていないし会社には就業規則もない。社長の個人商店と同じだな」

マスコミ業界は賃金水準が高いと言われているがそれはテレビなり新聞なり本体の正社員で働いている人たちのこと。出入り業者の賃金は悲しくなるほど低い。

「自分の場合ですと月給は15万円プラス住宅手当3万円の18万円。賞与とか慰労金はありません。たまに社長から小遣いをもらうけど年収は220万円ぐらいです」

　民放キー局の正社員だと30歳で1000万円以上は当たり前だから4分の1以下。こんな薄給には見合わないほど仕事はハード。

「バラエティーのロケだと1日2本録りするんですが集合が朝3時、最初のロケ地に移動して正午頃まで撮影、終わったら2本目のロケ地に移動してまた撮影。20時頃には事務所に帰れるけど編集作業が待っている」

　終電ギリギリまで仕事するのは当たり前で納期が迫っていたら泊まり込みもある。途中2、3時間仮眠するけど終わるのが明け方というのはザラにある。

「小さな下請けで下りてきた仕事は何でもやるから掛け持ちも普通です。Vシネマとパチンコ番組を並行してやるときは集合4時、終了28時というクレイジーなスケジュールです。終了する頃にはスタッフの顔つきが朝と変わっている。死相が出ているよ」

　アパートに帰るのは3日ぶりというのも日常茶飯事。これでは何のために家賃を払っているのか分からない。

「こういう労働環境だから入ってきてもほとんどが2、3年で辞めていく、もう身体が限界だと言ってね。辞めるにしてもきちんと退職手続きして辞めるのじゃなく黙っていなくなる人もいます。夜逃げみたいに」

遠藤さんが入社したときは先輩が４人いたが今も残っているのは２人。後から入ってきた３人は全員が辞めていて２人はトンズラだった。

「普通の会社じゃ大問題になるところだけど『しょうがねえな』『もうちょっと持つかと思った』でおしまい。ヤクザな体質なんですよ」

働き手は部品のように扱われていると言われるが遠藤さんはそんなのまだ甘い、部品ならましな方だ、自分たちは燃料程度だと感じている。

業界の裏話教えます

なぜこうも労働環境が悪いのかというと、それはテレビ界が階層化社会だからだ。絶対君主は発注元であるキー局や地方局。次が広告代理店や制作大手、その次が中規模の制作会社。その下に遠藤さんが所属しているような零細制作会社が群がっている。

「キー局が２時間のバラエティー番組を５００万円で下請け大手に外注するとここが１００万円くらい抜いて二次下請けに流す。ここも１００万円ぐらいの手数料を取ってうちみたいなところへ丸投げするわけです。元値は５００万円なのにうちが受け取れるのは３００万円あるかないかになる」

ここからスタジオの使用料、出演者のギャラ、機材のリース料、出演者の食事代（主に弁当）、ガソリン代、編集費を出すと残るのは40～50万円がいいところだという。

「深夜帯の30分番組だと元値１００万円の予算で発注されたものがうちに来たときは20万円ということもある。自分は経営者じゃないけど、これでどうやって利益を出すんだと思う。こんなにピンハネしておいて面白くないと文句言ったりダメ出しするから腹が立つ」

　この金額ではどうやっても赤字という場合もあり、そういう案件では必要な車を友人、知人に頼んで貸してもらうとか、やはり知り合いに無償でエキストラをやってもらって経費を浮かすようにしている。

　お金の苦労とは別に撮影現場での気苦労も絶えない。

「頭の悪いタレント、社会常識のないタレントのお守りは嫌だね。ここまで頭が悪いのかと呆れちゃうアイドルタレントやお笑い芸人がいるんですよ」

　スタッフ、出演者が揃って最初にやるのが台本チェックだが10代のタレントには基本的な漢字読みや熟語読みがまったくできないというのが多い。だから台本の漢字にルビを振るのが普通。

「さすがに山、川は分かっているけどお土産、案山子となると読めるのは少ない。四則計算もおぼつかない子もいるし九九もあやふや。ここまで頭が悪いのかと思う。言っちゃ悪いが頭の中身は猿以下だ」

　こういう子でも間違って売れることがあるから不思議。

「でもね、長くは続かないんです。ポッと出の頃は馬鹿だけど言うことは聞く。ところが少し売れると勘違いするんだね、ディレクターの指示に『これって必要なんですか』『自分のキャラじゃない』なんて横柄になる」

　こうなるともう終わり。共演者やプロデューサーに嫌われて消えていく。こういう若手タレントを何人も見ている。

　ヤンチャを売りにしているジャリタレだと素行が心配だ。

「最近も元プロ野球選手だとか大物女優の夫で元俳優というのがクスリで逮捕されたでしょ、収録した番組の出演者がこんな不祥事を起こしたらオンエアはなし。お蔵入りになったら制作費は払ってもらえません。うちが絡む番組には大物クラスは来ないけどＢ級クラスの俳優やお笑い芸人でも最近は調査というか、他の制作会社さんに評判を聞いて使っても大丈夫か審議しています」

　面白いのはドラマやＶシネマで悪役、敵役をやっている俳優、タレントほど実は優しくていい人。反対にベビーフェイスの俳優、女優は性格的に嫌な人だったり我が儘で扱い難いこと。好感度調査で上位にランクされている女性タレントのスタッフいじめがひどいという噂を聞くと「正体見たり」と思う。

「仕事そのものは特殊な世界で面白いといえば面白い」

だけど低賃金と仕事量の多さは何とかしてくれないかと思う。

気付いたら借金２００万円

「いま一番の困り事は借金です。消費者金融数社から借りているのですが元利合計の債務がとうとう２００万円を超えてしまって。もう債務整理するしかないと思っています」

借金の原因は生活費の補填が半分。あとは住民税の支払いと個人で加入している自治体の国民健康保険の保険料支払い。国民年金は手続きして免除してもらっている。

「最初の頃は10万円から20万円借りてもすぐに返済できていたんですが、それを何度も繰り返すうちに信販会社のカードローンや消費者金融での借金が膨らんじゃって」

大きな買い物をした覚えも贅沢をしたわけでもないのに２００万円もの借金を抱えていることは精神的にきつい。

「給料があと4、5万円増えれば何とかやっていけると思う。いつも、この4、5万円のために借金しているのだから返済は無理だね」

弁護士や司法書士に債務整理を依頼すると20～30万円の費用が必要。もうそんなお金は工面できないからお先真っ暗だ。

「体調も日に日に悪くなっているみたいです。徹夜が3日も続くことがあって、頭が痺れるような感覚に襲われることがある。痛いのではなく後頭部とかおでこの辺りがモワーっとしてくるんだ。もしかしたら脳梗塞の前兆なのかと不安になりますよ」

食生活も不規則なうえにジャンクフード、ファストフード、惣菜弁当ばかり食べているので体重増加も止まらない。

「以前は65キロ前後だったのが今は82キロです。3年ちょっとで17キロも増えちゃった」

それでいて血色は悪い。必要な栄養は少ないがカロリーの高いものばかり食べていたからこうなったのだろう。

「よその制作会社では突然死したような人もいるみたいです。でも死んだって労災は認めてもらえないだろうけど」

遠藤さんも大きな病院で検診を受けたいと思うが時間がないし費用も出せない。それにもしどこか悪いところを指摘されたら怖いので足が進まない。

「社長は一発当てればっていつも言っています。よそが考えない面白い企画を持って局に直接売り込む。採用されればうちが一次請けでやれるし数字が良ければどんどん仕事が舞い込んでくる。下請け、孫請けからオサラバできるんだと意気込んでいるけど」

社長は好きでこの仕事をやっているようだが遠藤さんはこれ以上、社長の夢に付き合わされてはかなわない。そろそろ足抜けした方が身のためかもしれないと思っている。

「この仕事をしている限りは結婚して所帯を持つというのは不可能だし」

会社にあと2人いる先輩は共に30代半ばだが独身。たまに一緒に仕事をするフリーのカメラマンは50歳近いのに独り身だ。

「付き合っていた彼女に給料のことを話したらそれでどうやって生活していくのと呆れられました。彼女は専業主婦願望が強くて結婚するなら年収５００万円以上なくちゃ嫌だと言っていた。もう別れましたけどね」

学校時代の友だちと会うと自分の底辺具合がより鮮明になって惨めな気持ちになる。オーストラリアに行ってきた、投資用にマンションを買おうか考えている、冬のボーナスは3ヵ月でウハウハだ。

「自分とはまったく関係のない話でしょ。同じ学校を出て10年も経っていないのにこの差はないだろうと落ち込みますよ」

どうしてもこの世界に入りたかったわけではない。やはりやる気のある人間か夢がある人間しか長く頑張れない世界なのだ。

「ＡＤをやっていて溜まったのはパンツと靴下ぐらいです」

早朝から深夜まで、逆に深夜から早朝までという仕事が続くと洗濯もままならない。洗濯機の中から少しまともなパンツを探して裏返しにしてもう一日穿く。こんなことがあるともう笑うしかない。

「テレビの世界に入ったときはドラマの制作ができるのかなとか社会的テーマのノンフィクションを取材してみたいという夢があったけど現実には何でも屋の使い捨てです」

先月は少し楽なスケジュールだったが1ヵ月の労働時間は３１０時間。時間単価にしたら５８０円。求人情報誌に載っていた印刷会社の期間工は月収26万円可、期末手当支給、満期慰労金ありだった。とんでもない勝ち組だと思った。

トラック運転手

氏名／立野清治（49歳） 出身地／群馬県高崎市 現住所／東京都葛飾区
最終学歴／高校卒 主な職歴／電子部品メーカー22年→金属加工会社5年
現在の職業／トラック運転手 収入／月給約27万円 家族構成／妻（47歳）、長男（21歳）

WORK NO.05

真夜中のひとり飯

深夜2時。環七通りを左折した4トントラックは小学校の裏手に回って停車した。運転手の立野さんはエンジンを停止させると助手席に置いてあるレジ袋からトレーに入っている五目チャーハンと缶入りのコーンスープを取り出した。真夜中になってやっと食事時間が取れたのだ。

「腹が減りすぎると血糖値が下がって頭がボーっとしてくるんです。逆に満腹になると瞼が重たくなって運転できない。だからいつも腹6分目で抑えるようにしているんです。残ったものは適当な時間に食べていますよ」

食事時間は10分足らず。20分ぐらいは目を瞑って休むが休憩時間は30分で終わり。あとは夜が明けるまで運転と荷積み、荷下ろしを繰り返す。

「トラックをやるようになって今年で4年になります。事情があって今の仕事は3つ目なんだ。勤め先が変わるたびに仕事がきつくなるし給料も安くなっている。右肩下がりの人生なのよ」

立野さんが高校を卒業して最初に就職したのは電子部品メーカー。会社の規模としてはやや大きい中小企業というレベルだったが大手電機メーカーの専属下請けとして相応の業績を誇っていた。

「製造現場の人間でしたが業績が良かったときは残業代込みの月給で35万円ぐらい。ボーナスも出たので年収は500万円ぐらいありましたね。自分でも生活レベルは中の中だと思っていた」

ところが07年に会社が大半の製造業務を中国に作った工場に移管することになりリストラ退職。すぐに金属加工会社に転職したが年収は350万円程度にダウン。

「ここは創業者の社長が急死しちゃってね。息子という人はお医者さんで工場をやるわけない。廃業ってことになってまた失業したわけです」

現在の会社は下請けの下請けのような零細運送業、新聞の折り込み広告を見て入社した。今年で勤めて4年目になる。

「仕事は運転手ですよ。4トン車に乗って青果や飲料、弁当などをスーパーやコンビニに運んでいます」

仕事はとにかくきつい。勤務時間は5時～17時、17時～5時までの二交代制となっているがこれであがれるわけはなく、5時に車庫を出て帰るのが20時頃だったり、遅番の17時に出発したら翌日の昼近くまで働かされることがある。

休みは原則的に4勤1休とされているが実際は週に1回がいいところ、去年暮れは連続勤務が19日にも及んだという。

「仕事も運転だけじゃないんだ。荷積み、荷下ろしもやるからとにかく疲れる。2年前までは助手がいたけど今は2人分の仕事を1人でやっているんだから」

搬送先の小売店では生意気そうな店長から「それ、並べてって」と仕事ではないことまでやらされることがある。我慢しているが「何だ、クソガキ」と爆発寸前になったことは数知れない。

「警察はしょっちゅう重量検査やネズミ捕りをやっているだろう。もうイライラしてくるよ。トラックなんてやるもんじゃないと思う」

トラックから出られるのはトイレタイムと食事だけ。唯一の話し相手はカーラジオで聞く各番組のパーソナリティーだけという生活が丸3年も続いている。

「たまにだけど、俺は何が楽しくてこんな仕事をしているんだと思いますよ」

そうは言っても妻子のある身。年齢もあと4ヵ月で50歳の大台に突入するから別の仕事を探すのは無理。嫌でも続けざるを得ないのだ。

給料のカラクリ

現在の収入はどうかというと、本人曰く「月給は27万円」ということだ。

「自分は正社員なのに日給月給で働いているんです。ちょっとおかしいよな」

具体的な日給額は労働時間8時間分が7360円、1時間単価はたった920円だ。これに見なし残業2・5時間分2875円が付いて1万235円。休めるのは週1日だから月の出勤日数を25日として25万5875円。これに運行手当1万円と精勤手当5000円が付いて何とか27万円という金額だ。

「ざっと計算すると月に40時間以上もタダ働きしていますね。本当は休日なのに出勤しても1円の割増しもしないよ、これって違法なんだろう」

　実際の労働時間は平均で月２７０時間、月給27万円でも1時間にすると１０００円にしかならない。

「一応は夏冬に期末手当が出るんですが半期で10万円ぽっちだよ。まっ、年収にすると額面で何とか３４０万円あるからましな方なのかな」

　重労働なのに低賃金でコキ使われているうえに会社は罰金制度も設けている。

「点呼に遅れたら５００円、日報の記入が遅れたら１０００円。給料からさっ引かれるんです」

　積荷の破損、汚損があるとその品物は担当ドライバーが買い取らされる。

「もやしとかレタスを2箱持って帰ったことがあったよ。金額は5、６０００円だったかな。団地の皆さんにお裾分けしておしまいだった」

　同僚には桃の缶詰4ケースとかお中元用のソーメンを30箱も買い取らされた人がいる。

「冬は風邪をひいたりインフルエンザに罹ることもあるでしょ。そういうときも有給休暇を認めないいんだよ。欠勤扱いだから収入に響く」

　有給休暇の申請は1週間前までに出すことになっていて、体調不良やどうしても外せない急用ができても一切の事情を斟酌しない。

「身内、親族に不幸があったときぐらいしか当日の有給休暇は取れないね。それだって嫌味タラタラなんです」

そもそもこの会社、就業規則さえ作られておらず、立野さんは入社するとき雇用契約書を交わすこともなかった。

「入社して驚いたのが試用期間が1年ってされていたんだよ。普通は3ヵ月でしょ。中小企業退職金共済に加入しているというのも嘘だった」

社長の口癖は「働け」「甘えるな」「儲けろ」「文句言うな」「社長は俺だ」。つくづく新聞折り込みで社員を募集しているような零細企業はロクなところじゃないと思う。

社長の正体

休みも満足になく毎日長時間労働を続けていると疲労が蓄積されていく。結果、どうなるかというと事故。

「自分の場合はヒヤリ・ハットまでだけど、一歩間違えればどえらいことになるということが何度かあります。特にこの半年は頻度が増えましたね」

空いている高速道路を走行していたときは睡魔に襲われカーブで対向車線にはみ出しそ

うになった。一般道を走っているときもブレーキを踏むタイミングがずれ歩行者が渡り始めた交差点に突っ込みかけた。

「連続運転が5時間以上になると反応が鈍くなるんです。注意力も散漫になるから前を走っているバスやワゴン車に追突しそうになったりします。左側を併走している原付やバイクにも気づかない。左折するときに巻き込んだらえらいことだ」

幸いなことに立野さんはこれまで大きな事故は起こしていないが、同僚には人身事故を起こしてしまったドライバーがいた。

「旧道のカーブで対向車線にはみ出してオートバイと正面衝突したんですね。向こうは大ケガだったそうです」

オートバイの青年は右半身がぐちゃぐちゃになったが命だけは取り留めた。それでも重い後遺症があったそうだ。事故の処理は会社がすべて対応したということだが、その過程でワンマン社長がとんでもないことを口にしたらしい。

「なんでもう一度轢き直さなかったんだ。くたばってくれた方が後始末が楽なんだ」

監視カメラのない地方の旧道で目撃者もいなかったから相手にも過失があったと言い逃れることもできたし、死んでしまえば慰謝料の支払いは一度で済む。後遺症や障害が残ったら相手方や保険会社との交渉が長くなる。こんなことを話したそうだ。

「事故を起こした人は社長の冷酷さに嫌気が差して辞めたわけですが、社長は『この恩知らず』と罵声を浴びせていました。経営者の資格はないと思いますよ」

こんな品性下劣な社長だが権力志向は強いようで業界団体の地域支部と町内会の役員を務めている。

「春と秋の交通安全週間には小学校前の横断歩道でＰＴＡの人に混ざって子どもたちの世話をしている。あんた、何をいい人ぶっているんだと思うけどな」

地元選出の国会議員の後援会にも入っていて、あわよくば市議にという野心もあり、最近は会社として日本商工会議所の地方組織にも加入した。

社長の口癖は「俺はいつまでも下請け会社の社長でいるような男じゃない。もっと偉くなってみせる」「名誉や肩書があれば人も金も寄ってくるんだ」

その心意気は良しとしても、まずは今いる社員の労働環境を改善するとか法令遵守の精神で経営するという方が先なのにそういう素振りはまったくない。

「どんな人間でも社長になれちゃうってのはいいのかね？　俺はおかしいと思うんだよ」

会社を興すのに検定制度や資格試験はない。事業プランがあって資金を調達できれば会社を設立できるが、社長になってはいけない人間、経営者の資質が乏しい人間でも社長になれる。世の中、まともじゃない社長も多いみたいだ。

製缶工場の派遣社員

WORK NO.06

氏名／笠原祐輔（32歳）　出身地／東京都八王子市　現住所／東京都狛江市
最終学歴／高校卒　主な職歴／高校卒業後ガソリンスタンド約12年勤務
現在の職業／製造業派遣　収入／約14万円　家族構成／独身、アパート住まい

募集広告は嘘八百

「あんまり詳しく話したくないんだけど早い話が失業しちゃったわけ。失業手当は3ヵ月（90日）で終わり。アルバイトするよりはいいかなと思ってとりあえず派遣をやっているわけです。ずっとやる気はありませんけどね」

14年8月から派遣社員として製缶工場で働いているという笠原さん。前職はガソリンスタンドでサービスマンをやっていたということだ。

前の仕事を辞めたのは早い話がリストラ。サービスマンを常駐させたフルサービスのスタンドからセルフ式のスタンドに転換することになり自主退職したというわけだ。

「ハローワークには通い詰めたけどやりたいような仕事はなかったね。飲食業、警備、土木、介護などはよく勧められたけど気乗りしなかった。仕事に興味がなかったし、賃金があまりに低かったから丁重にお断りしました」

学歴というシビアな線引きもあるし、年齢やその仕事に必要な資格の有無、パソコン技能、経験も問われるのでホワイトカラー的な仕事には応募もできない。消去法で選んだのが製造業派遣ということだ。

この派遣会社、募集広告には月収32万円以上可でミニボーナス支給、資格取得支援などと書き込んでいて、笠原さんは「こりゃ悪くない」と錯覚させられた。

「スタンドマンをやっていたときの月給は23万円ぐらいだったんです。正社員だからボーナスはもらえたけど年収は約300万円。派遣はこんなにもらえるのかと思いましたね。自宅アパートから通える工場があったので応募して採用されたんですが」

ところが実際に働き始めると「話が違うじゃない」と思うことばかり。

まず賃金。時給1200円となっていたが笠原さんは新人という理由で1020円からのスタートだった。派遣会社に問い質したら経験を積んで熟練者と認定したら1200円になるんだという答え。騙されたと思った。

「時給1020円だと8時間労働を20日、平日残業を30時間、土日出勤を2回こなしても22万6000円ですからね。詐欺みたいなもんだよ」

募集広告に書いてあった収入を得るには残業や休日出勤を120時間近くこなさなければ不可能。ミニボーナスも支給額はたった5000円。完全な囮広告だったのだ。

「ボッタクリも凄いよ。作業着や安全靴などは支給じゃないの、派遣に自費で購入させるんだから」

作業着2組、ベルト、安全靴、ヘルメット、軍手2双。これだけ自腹で揃えたので1万4000円の出費。最初の給料は社会保険料、税金、備品購入費を引かれて手取り17万円。社会保険に加入できる分だけアルバイトよりはましという程度だ。

「寄宿舎もひどいみたいです。今にも崩れ落ちそうな古い木造アパートの4畳半で風呂なし、トイレは共同なんだって。入居している人は天井裏にネズミがいるみたいだとか、夏になるとダニが出て体中喰われたって言っていました」

おまけに布団などの寝具、テレビ、ガスコンロはレンタル品だから毎月リース料を徴収される。現代版のタコ部屋といったところなのだ。

非常識な人たち

「派遣だと正社員の人たちから差別されるのかなとか心配していたけど、そういうことはなかった。年配の人も若い人も普通に接してくれる。むしろ派遣で来ている方に常識がなかったり人を不愉快にさせるのが多い」

挨拶しても何が気に入らないのかまったくの無反応だったり、申し送りや確認事項の伝達では聞いているのか、分かったのか意思表示をしなかったり。自閉症気味なのか対人能力が欠如しているのかと思うことがある。

「このおっさんは何様なんだ？　なんでこんなに偉そうにしてるんだ？　と思った人もいたな。そのおっさん、クビになったけど」

この人、もう50歳近かったらしいが正社員の係長に注意されたのを根に持って、わざと不良品を出そうぜとか、ラインのプログラムを壊して工場を停めてやれなどと言っていたそうだ。当然、派遣先や派遣会社の知るところとなり懲戒解雇になったが、こういう危ない中高年が何人かいた。

「金遣いが異常な人も多いよ」

コンビニに行ったら1回で1000円近い買い物をするのが普通。たいした給料じゃないのに1足1万円以上するナイキのスニーカーを買ったと喜んでいる人。パチンコ中毒で給料の大半をパチンコに費やしている人。いろいろだ。

「あとはギャンブルでしょ。競馬とか競艇に入れ揚げているおじさんが結構います。終業後のロッカー室で携帯を開いて大井競馬だとか多摩川競艇のレース結果を血眼で見ているからね。仕事しているときより顔つきは真剣なんだ、馬鹿じゃねえかと思う」

給料日の1週間ぐらい前になると「金がねえ、金がねえ」と騒いだり、いきなり「頼むから1万円貸してくれ」と泣きついてくるから始末が悪い。

「たまにだけどサラ金なのか闇金なのか、取り立ての連中が工場の先で待ち伏せしていて工場から出てきたのを車に乗せていったという話を聞きます。そうなるともう消えちゃいますね。漁船とかダム工事に売られたとか、そんな噂話をしていますよ。嘘か本当か分からないけど」

1000円から3000円程度の金を数十人から借りまくった挙げ句に姿をくらました人もいて、派遣会社から派遣社員間での金銭賃借はしないようにというお達しもあった。こういう人は派遣社員のなかのごく一部だが、先のことを考えていなかったり金銭感覚がだらしないからいい歳をして派遣を転々としているんだろうと思ってしまうのだ。そして同時に自分もそういうところにいることに対してひどい自己嫌悪を覚える。

「半月ぐらい前には男の派遣社員と女の派遣社員が駆け落ちみたいな感じでいなくなりました。両方とも冴えない感じの人でね。派遣同士でくっついたっていいことないと思うけど」

たまにニュースで派遣社員や元派遣社員がコンビニ強盗で逮捕されたとか、振り込め詐欺の出し子をやって逮捕されたということが報道されるが、笠原さんは「さもありなん」と思うそうだ。

「言葉は悪いけど、駄目人間が多い」

こんな職場からは早く出ていきたい。

不健康な人たち

笠原さんは派遣社員として働き始めて約1年半だが、3ヵ月目が終わる頃からたまにだが腰痛、膝通、肘の関節痛が出てきた。立ち仕事で同じ動作を繰り返す労働だから体調はいいとは言えない。

「自分は寝る前にマッサージ薬を塗り込めば少し楽になる。でも、おじさんたちはガタガタなのがいる」

同じ作業班の50代の人は腰にコルセットを巻いて仕事をしている。この人、終業してロッカー室に戻る階段を下りていくとき、手すりにしがみつき顔をしかめてヨタヨタ歩いている。指の関節が腫れて赤紫に変色している人もいるが休まない。

派遣社員は時給制で有給休暇もない。休んだり病院へ行ったりしたら収入が減る。だからギリギリまで我慢するしかないのだ。

「すぐ近くでゴホゴホ咳き込まれると迷惑だよ。マスクぐらいしろよって思う」

自分の健康に気を遣わない人も多い。なぜだか肥満体型の人が多く、それも少し太り気味というレベルではなく明らかな病的肥満で体重100キロオーバー。

「そういう人って食い意地が張ってるんだよな」

社員食堂は派遣社員も利用可になっているのでたいていの人はそこでお昼ごはんを食べるのだが、メタボの人に限って定食とラーメンとか、カツ丼とカレーライスというようにカロリーの高いものをドカ食いしているのだ。

「出勤のときに1・5リットルのペットボトルのコーラを持ってきて帰るときには空になっている。休憩時間もスナック菓子を摘んでいてさ、それでいて『少しダイエットしなくちゃ』なんてほざいているんです。見ていて不愉快だよ」

仕事や私生活のストレスから過食に陥り肥満症になるというのは聞くが、笠原さんの職場にいる派遣社員にはこういう悪循環に陥っている人が多いらしい。

「病気で辞めさせられる人もいましたよ。内臓疾患で休みたいと願い出たら『一生休んでろ』と言われてクビ。こんなの普通なんだ」

派遣先の正社員は年に一度の健康診断があるし、特定検診や人間ドックなどで補助を受けられるようになっているが派遣社員には健康診断もない。そもそも採用時に健康診断書の提出も求められない。

「古株の人が言っていたけど、辞めたあとすぐに心臓発作とか脳出血で死んだり、癌が見つかって手術したという人がいるんだって。そりゃ、こんな環境に何年もいたら身体がおかしくなると思うよ」

工場での仕事だから作業中に怪我をすることもあるが労災隠しは当たり前。たとえ骨折したとしても仕事中に怪我したなんて言うなと恫喝される。

「塗装のラインにいて塗料でアレルギーが出ることもあるけど『そんなの我慢しろ』でおしまい。無理なら辞めろってわけ」

人手が足りないときはインフルエンザで休んでいる人を強引に呼び出して働かせることもあった。案の定、何人かが感染したが派遣会社の言い分は「感染した奴が虚弱体質だから」「予防注射しとけ」。そして「余計なこと口にするなよ」と脅してくる。働き手を保護するという発想はゼロなのだ。

中国減速でピンチ

笠原さんの最近の心配事は仕事が減ってきていること。

「中国がヤバイんでしょ。派遣工だって新聞ぐらい読むよ」

工場では化粧品各メーカーのヘアスプレー、ムース、制汗スプレー用の缶容器を作っている。プリントしてある写真やイラストは日本で売っているものと同じだが商品名や成分表は中国語、これが中国への輸出向けだというのは分かる。

「5月の後半頃からこういう中国用の加工が減ってきています。最近は車やオートバイ用オイルの缶も前の半分以下しか作らなくなっている感じです」

8月からは残業がなくなり、9月は休日出勤もなくなった。

「先月（11月）からは週に2回の時間カットも始まったんです。自分の場合は火曜日と金曜日が15時で終業になりました」

時給制で働いている身では労働時間の短縮は即収入減につながる。残業もまったくなくなったから大打撃なのだ。

11月は祝日が2日あったので総出勤数は19日。時間カットが合計14時間なので労働時間は138時間。時給は1020円だから給料は約14万円。

「手取りになると辛うじて10万円と少しという金額ですからね」

この給料は11月労働分なので支給されたのは12月10日。これで年を越せというのだ。

「正月は惨めだったね。何しろお金がないから」

元旦の朝の食事、つまり今年最初の食事は前日の夜にコンビニで30%引きになっていたあんドーナツとドライカレーのおにぎり、それに牛乳1杯だけ。

遊びに行ってもお金が掛かる。さりとてアパートにいてもストーブの電気代がもったいない。定期券だけはあるので昼過ぎから夕方までは用もないのに地下鉄に乗っていた。

「暖房が効いているし網棚にはスポーツ新聞も置いてある。自前のペットボトルにインスタントコーヒーを入れて喫茶店代わりにしていました」

2日、3日もアパートにいて普通に自炊。1日の食費は米代を除いて300円以内に収めていた。暇つぶしは初売りで賑わっていたショッピングセンターやブックオフを梯子。本当につまらないお正月だった。

「新年になっても仕事は戻っていませんね。契約が満了になった人から辞めていっているか雇い止めになっている」

笠原さんも「もう派遣はいい、ここらが潮時」と思っている。派遣工の中では笠原さんは若い方で、今の現場が終わっても頼めば他の工場に回してもらえるだろうが「こんなことやっていても何も身に付かない」と思う。

1ヵ月の収入が15万円程度なら時給1200円の飲食業の夜勤務を1日6時間ぐらいやれば稼げる金額だ。不愉快な思いをしたり危険な作業をやるよりはましだ。

「やっぱり正社員で働きたいですよね。将来が不安になるから」

派遣にしろアルバイトにしろ非正規はあくまで臨時。用がなくなったらポイ捨てだ。

年明け早々からハローワーク通いを再開させたが正社員の募集はそれほど多くない。相変わらずパート、アルバイト、契約社員が主流だ。職業安定所といいながら安定した職業が少ないじゃないかと突っ込みを入れてやりたくなる。

地元には働き口がないという現実

景気回復、求人好調。最近はこんな経済ニュースが報じられているがそこには求人格差という現実もある。地方は求人倍率の回復が鈍く、総じて賃金も低めに抑えられている。

ハローワークにある正社員の募集でさえも賃金が20万円を超えるものは少ない。

貨物自動車運送業：市場内作業員。15万～17万円
建物管理サービス業：設備点検員。18万円
水産物卸売業：商品管理及び配送業務。16万～19万円

こんな求人票を見たあとに就職情報誌をめくっていて「月収27万円以上可・赴任手当全額支給」とか「寮完備、入社祝い金5万円支給」と書かれている求人広告を見たらどうだろう。低賃金の仕事しかない地域の人ほど「こんなにいい条件なのか」「ちょっとやってみるか」となるのは当然だ。

「派遣会社の広告には、だいたい月収25万円以上と書いてある。東京の人なら普通だろうけど地方にとってはとても大きな金額」

「30歳近くになると実家にも居づらくなるが地元で仕事を探すのは大変。東京や大阪に行くには部屋を借りたり、ある程度のお金が必要になるけど派遣は何も持たずに寮に入れるから助かる」

「うちは農家だから11月から3月は雪に埋もれて畑仕事どころじゃない。近隣で農業をやっていて年齢が55歳くらいまでならみな出稼ぎに行く。自分も同じでこの6年は5ヵ月間だけ働いている。貴重な収入源なんだよ」

こういう意見があるのは事実だ。

こうして集められた人たちが各地の生産現場に送り込まれていくわけだが、実際の労働現場は募集広告とは雲泥の差があることが多い。

募集案内に掲載されている月収を得ようとすれば月の労働時間は220時間以上。土日は休みでプライベートは充実なんて謳い文句は嘘。三交替勤務となっていても人手が足りない夜勤専門に固定され、辞めるまで21時から翌5時30分までの勤務をずっと。睡眠障害や自律神経の不調で倒れちゃうという人もいる。

こういう現場では中高年世代が意外と重宝されている。製造業派遣の募集広告を見ると40代、50代も活躍中と書いてあることがある。どういうことかというと、この年齢では次の仕事を探すのは困難。郷里に妻子がいる人は簡単には辞められない。だから、多少きつい シフトや仕事内容でも文句を言わずに働いてくれるから。派遣会社にとってはそうした辞めない人が一番大切。だから、他の仕事に比べると年齢や経験を問わないようになっているのだ。

居酒屋チェーン店長

WORK NO.07

氏名／堀部隆文（29歳） 出身地／神奈川県小田原市 現住所／神奈川県横浜市
最終学歴／大学卒 主な職歴／大学卒業後飲食店勤務、約5年
現在の職業／無職 収入／なし 家族構成／独身

激安店の裏事情

横浜市内にある総合病院。精神神経科の診察室から出てきた堀部さんは会計を済ませると病院前の調剤薬局で数種類の内服薬をもらって帰途についた。

「今はまったく働いておりません。とりあえず会社に籍はあるけど辞めることになると思う。まあ、辞めるのが惜しいような仕事じゃありませんから」

まだ在籍しているのは飲食業。都内と川崎、横浜地域にダイニングバー、洋風居酒屋な

どを展開している新興企業で堀部さんは洋風居酒屋の店長を務めていた。

「入社したのは2010年です。就活していたのがリーマンショック直後、大学の格は三番手グループだから選り好みできる身分じゃない。業種や職種は度外視で採ってくれるところならどこでも良かった」

低価格路線で拡大していく会社はデフレのなかで庶民の味方となったが、その裏には働く人たちの激務があった。

入社して半年間は研修として業態の違ういくつかの店舗で接客、調理、食材の発注や管理、アルバイトの指導監督といった基本的な業務を経験した。

「社員教育の仕組みはまったく整っていませんでした。とにかく実践で覚えろという感じでした」

過重労働は入社直後から。店はどこもランチ営業もやっていたので営業時間は11時～23時まで。開店前の準備と閉店後の後片付けもあるから勤務時間は10時～24時の間でシフトを組んでいた。

「慢性的な人手不足だから9時頃に出て22時頃まで働いたり、開店から看板後の後片付けまでやらされることも度々でしたね」

1日の労働時間は少ない日で12時間、多い日は14時間ということも。

「休憩時間も満足にありませんでした。飲食業だから賄い飯が出るんですが事務室の片隅で立ったままかき込んですぐに店に出るのは普通だった」

　求人票では完全週休2日制、夏期特別休暇ありとなっていたがこれも嘘。

「ローテーションで休みが割り振られていても夕方になってアルバイトが来られなくなったのですぐに出てこいと呼び出されたり」

　休めるのは月に3、4日あればいい方で、ひどいときは月2日ということもあった。

「それでいて給与明細表の勤怠記録には公休日8日と書いてあるんです。本当にいい加減な会社でしたね」

　年中無休で営業しているから私用で土日、祝日に有給休暇を申請するのも憚られる雰囲気で、堀部さんが休んだのはインフルエンザと感染性胃腸炎になったときだけ。友人の結婚式に招待されていたが休みをもらえず出席できなかったこともある。

「週末や連休中の有給休暇は親族の冠婚葬祭しか認めないというのが暗黙のルールみたいな感じでしたね。一緒に働いている人のおばあさんが危篤になったという連絡が来て、早退を申し出たら『そんなの死んでからにしろ』と一喝されたそうです。その人、もう辞めちゃっているけど」

　これで給料が良ければ少しは我慢できるが初任給（10年当時）は17万円。時間外労働はどれだけこなしても40時間でカットされるから額面約22万円、手取り約18万円という水準。「時間外労働は毎月90時間ぐらいあるから50時間分、金額にすると毎月6万円以上もタダ働きさせられたわけです。もう、嫌で嫌で仕方ありませんでした」

消えた時間外手当は毎年70万円以上。既に勤続5年だから総額で350万円を超えている。

わたしはこうして病気になりました

「辞めていく人は本当に多い。わたしは新卒入社で同期は50人いるのですが残っているのは20人もいないと思う」

中途採用は通年で行っていて毎月のように入ってくるが、これも短期間で辞める人がいる。アルバイトの定着率も低い。

上位大学卒で最初から本部勤務の幹部候補生もいつの間にか退職していたり、年齢が2、3歳上の店長も突然辞めたりすることがある。

「実は自分もこっそり転職活動をして何社か採用試験を受けたのですが駄目だった」

事務機器のリース会社、マンション販売会社、公益財団法人、設備工事会社……。こういったところの第二新卒採用を狙ったがうまくいかなかった。

「はっきり言えば、次が見つからなかったから仕方なく働いていただけです」

本心では「接客業には向いていない」「常識のない馬鹿な客の相手をするのはうんざりだ」と思っていても退職者が多く、店舗も増えていっているので副店長、店長と昇進していく。ただし待遇が大幅に良くなることはなかったが。

「基本給部分は入ったときより2割ぐらい上がりました。店長手当も出るようになったけど管理職なんだからという理由で時間外手当は1円も出なくなりました」

いよいよ身体が耐えられなくなったのは昨年（15年）7月。

「駅2つ先の店の店長が辞めてしまい自分が店長を務めている店と兼務させられてしまったんです」

会社の方針はできるだけ人件費を抑えること。基本的に社員1人に複数の業務を担当させたり、たくさんの店舗を持たせて管理させ、あとはアルバイトやパートで回していくというのがビジネスモデルだった。

「ただでさえ過重労働なのに2つの店舗を見るというのだからオーバーフローです。通勤時間を削るために閉店後の上がり座敷で寝ることもありました。大袈裟でなく時間外労働100時間、家に帰るのは3日に一度なんて生活が続きました」

店長に昇格して月給は30万円になったが1ヵ月の労働時間は260〜270時間。1時間単価にすると1100円台だ。

「夜のアルバイトだと時給は1200円なんですよ。フリーターより安い時給なのかと思ったら泣けてきた」

店長を兼任するようになって2ヵ月過ぎた頃からは体調が急激に悪化。もう辛くて仕方なかったそうだ。

「まず睡眠障害になりましたね、身体はメチャクチャ疲れているのに横になっても眠れないんです。目が冴えちゃって」

ようやくウツラウツラしてくるのが明け方4時頃。睡眠時間が3、4時間という状態が何週間も続いた。

「顔色は悪くなるし頬の辺りがゲッソリしましたね。運転免許証を更新したとき5年前の顔写真と比べたら顔つきがかなり変わっていたんです。自分でも驚くぐらいに」

次に現れたのが摂食異常。茶碗1杯のご飯を食べるのも辛いことがある一方でハンバーガー3個とカツ丼というドカ食いをしたり。体重が3キロ減ったと思うと次の週末には5キロ増えていたり。こんなことを繰り返すようになった。

「耳の聞こえも悪くなりました。耳鼻科へ行ったら突発性難聴という診断だった。医師には過労が原因、少し休みなさいとアドバイスされました」

この医師に他の身体的症状を話したら過労うつの疑いが濃厚。心療内科か精神神経科で受診することを強く勧められたわけだ。

病気になってハッピー、ハッピー

現在通院している病院を訪れたのは今年（16年）年初。問診、心理検査と内科的な検査をした後、医師から言われたのはうつ病。主たる原因は過労ということだった。

「先生からは、うつは心が風邪をひいた状態という説明を受けました」

程度としては中程度より少し軽め。メンタル系の疾患では、うつ病ほど回復のよいものはない。回復すれば元の生活に戻れると言われたのが救いだった。

「自分でも薄々そうじゃないかなと思っていたのでショックはなかった。むしろ、これで休める。ラッキーと思いました。こういう図々しさは大事だと思いますよ」

会社には診断書を提出し休職ということになったが期限は3ヵ月と言われている。

「もう戻る気はありません、バカンスのつもりで休みます」

治療は投薬のみで抗うつ剤と緩和安定剤。夜は睡眠導入剤を服用している。

通院は3週間に1度の割合だが特に何かするということはなく、前回の診察から今日までの暮らしぶりや世間話みたいな雑談が中心。

「状態はどうなんでしょう……。摂食異常は治まったみたいです。理由もなく緊張したりイライラすることもなくなったから。だけど睡眠障害はしつこいですね」

睡眠導入剤を飲まなくてもすっと眠れることもあるが、どうでもいいことが気になってまったく眠れない夜もある。

「アパートの裏の家のエアコン室外機の音が耳について眠れなかったり、電気代や水道料金がちゃんと引き落とされているか気になり夜中に通帳を確認したりすることがあります。何やってんだと思うけど」

ときどきだが変な夢も見る。中学時代のすっかり忘れていた同級生が出てきて、無言で何も書いてない紙を差し出す。あれは一体、何を暗示していたのか気になって仕方ない。

「会社からは毎週電話が来ます。どうなってるんだ？　いつから出勤するんだ？　って言ってくるんですが適当な返事で受け流したり怒鳴り返したり。ヤサグレうつ病患者ですよ」

もう復職する気はなく、あと1ヵ月もしたら退職しろと言ってくると思うが自己都合で退職届けを書くつもりはない。会社都合の退職にしてもらった方が失業手当が早くもらえるからありがたい。

「外食産業はどこも低価格を武器にして庶民の味方みたいに言われているけど、安いのはスタッフを酷使しているからです。やはり、どんなところにも適正価格ってのがあって然るべきだと思います」

自宅近くはもとより、どこへ行っても格安の飲食店が軒を並べて競っている。外からちょっと覗いてみると3、4人のスタッフで調理、給仕、会計、洗い物と動き回っている。そういうのを見ると急に動悸がしてきて息苦しくなる。「あんた、俺みたいに壊れちゃうよ。仕事に支配されてどうするんだ」と忠告してやりたくなるのだ。

外食産業、デスノート

外食産業は就活生には不人気職種で、就職した人の離職率も他業種に比べてダントツに高い。また、残業代の未払いや過労うつ、過労死、過労自殺が他業種よりも多い。これまでにどのような事例があったか検証してみると。

【マクドナルド　店長残業代など755万円未払い】

原告の男性は87年に正社員として入社、99年に店長へ昇格したが人件費の削減や適切な人事異動がなされなかったため長時間労働を強いられることに。残業は月100時間を超え、04年11月24日から05年1月25日まで63日連続出勤。05年3月16日から5月12日まで連続58日出勤など異常な勤務状態が続いた。この期間中にぎっくり腰になり労災認定を受けたり、勤務中に手の痺れを感じるなど身体の異常が重なり、医師からは脳梗塞の前兆である症候性脳梗塞と診断されるなど過労死寸前と言えるほど過酷な状況だった。にもかかわらず店長は管理職であるという理由で残業代は支払われず、年収は店長になる前よりも低くなるという待遇のなかで無報酬な長時間労働の是正を求めて裁判に訴えたもの。

【餃子の王将　残業代など2億5500万円未払い】

餃子の王将を展開する王将フードサービスが従業員923人に対して総額2億5500万円の未払い賃金があったと発表。京都下労働基準監督署から是正指導を受けて調べた結果、13年7月から14年2月までの期間で1人当たり約27万円の未払いがあったという。

【居酒屋店員過労死事件】

上場外食大手の大庄が展開する「日本海庄や」に07年4月に入社した男性（24歳）が、入社後わずか4ヵ月で急性心不全で死亡。勤務記録上、男性の残業は平均して月に110

時間ほどあり、毎朝9時頃に出勤し、夜11時頃まで働く生活を送っていたという。

会社は新卒者を月給19万4500円で募集していたが、これは80時間の残業をして初めて得られる金額であり、本来の最低支給額（本当の基本給）は12万3200円で時給にすると770円程度だった。

こうした給与形態は事前に何らの説明がなく、当時の大庄のホームページには月給19万6400円（残業代別途支給）とだけ記載されていて80時間以上残業しなければ残業代が追加されないことや、残業時間が80時間に満たない場合は給料が減額されることはまったく示されていない。本来の低い給与を覆い隠して人を集め、最低賃金ギリギリの金額で長時間労働させていたのである。

【ファミレス契約店長過労死事件】

外食大手のファミリーレストランで1年毎の契約店長を務めていた男性（32歳）が過労死した事件。男性は残業が月200時間を超えるなど長時間勤務が続き07年10月に脳出血で死亡。

08年6月に春日部労働基準監督署が労災と認定したが、遺族が謝罪と損害賠償を求めて会社と交渉していた。09年5月に合意した内容は未払いだった残業代122万円の支払いと正社員の年収を基に算出した損害賠償を支払うというもので、同社の他の契約店長55人に対しても2年分で１７４６万円の未払い残業代を支払うという項目も含まれている。尚この会社では04年8月にも正社員の店長が過労死しているということだ。

【フレンチの巨匠が書類送検される】

00年の九州・沖縄サミットで総料理長を務めた有名料理人が仕事が遅いとして従業員の男性に電話の受話器を投げつけたうえ、顔面を殴打して全治1～2週間のケガを負わせたもの。調べに対して「腹が立ってやってしまった」と供述（06年7月）。

【和食のカリスマ、暴行傷害で逮捕】

テレビなどで大々的に紹介されていた高級日本料理店の店主が入店したばかりの見習い従業員を「挨拶がない」と突き飛ばし、倒れたところへ股間を蹴って左精巣を破裂させる全治1ヵ月のケガをさせた容疑で逮捕。被害者の男性は他にも暴行を受けたと話していて、日常的に乱暴な指導をしていた可能性が浮上。店の常連客からは、若い従業員が長続きせず次々入れ替わっていたという話も聞かれた。金を落としてくれる客、知名度をアップしてくれるメディアの前では善人を装っていたが立場の弱い従業員は奴隷のように扱っていた（15年10月）。

以上は新聞、週刊誌、テレビなどで取り上げられたものだが、飲食業にはブラック的な企業、店、経営者が多い。

飲食店は新規参入が簡単で次から次に新しい店や業態のものが現れ競争が激しい。素材の高級感や味で勝負できるような一流店は少なく、とにかく価格勝負。薄利多売でいくしかない。

提供する料理はセントラルキッチンであらかじめ作られている半製品や冷凍、チルドのものが多いのでマニュアル通りに調理すればアルバイトでも簡単にできる。高度な知識や技術は必要ない。

経営者の頭の中は、誰にでもできる仕事。代わりはいくらでもいるという意識が強いから人を大事にしない。育てようともしない。そもそも育て方が分かっていない。

普通の会社では現場を熟知している正社員に辞められたら痛手だが、外食産業では店舗運営や労務管理もマニュアル化されているので誰でもできる。引き継ぎなども必要ない。若手社員やベテランアルバイトが辞めても困らない。次の駒を組み込めばいいだけだ。

最近はこういう裏事情が分かってきているので日本人のパート、アルバイトが集め難くなっている。じゃあ少し待遇が良くなるかというと、それは無理。日本人の穴埋めを外国人労働者にやらせている外食産業が多い。

某激安中華店に入ったことがあるが店長以外はすべて外国人で、厨房の中で飛び交っているのは中国語。この人たちは働きながら日本語を学ぶ研修生ということで働いているのだが賃金は日本人よりも安くてすむから経営者としてはありがたい。儲けが増えると思っているのだろう。

５００円でラーメンと餃子を食べてお腹一杯。３００円で作りたてのお弁当が食べられるのはありがたい。電話１本で焼きたてのピザを配達してくれるのはとても便利だ。消費者としてはあり得ないような低料金で食事ができたりサービスを受けられるのは得した感じがして気分がいい。

しかし、我々の利便性や快適さが、そこで働いている人たちの過重労働や自己犠牲の上にあるのだとしたらそれは別の話だ。

工事現場の警備員

WORK NO.08

氏名／畑中光洋（48歳）　出身地／千葉県市川市　現住所／東京都中野区
最終学歴／大学卒　主な職歴／工業用ゴム製品製造会社22年
現在の職業／警備員　収入／月収約18万円前後　家族構成／妻、長女、次女

雇用のミスマッチ

「寒いねえ、本当に寒い……」

新宿副都心近くのビル解体工事現場、廃材やコンクリート片を積んだ大型ダンプや通りかかる歩行者の誘導をしている畑中さん。この現場に派遣されて約3ヵ月になる。

快晴とはいえ2月下旬、少し風も吹いているので体感温度は氷点下と言ってもいい。

「防寒着は着けているし手袋もしているけど1時間も立っていたら身体の芯まで冷えてく

る。トイレが近い」

屋外での警備だから梅雨どきや台風シーズンは雨合羽を着用しても下着までビショ濡れ。夏は熱中症の危険もある。決して楽な仕事ではない。

警備員になって3年目になる畑中さんの前職は工業用特殊ゴム製品加工会社のエンジニア。91年に大学を卒業して入社、以来ずっと開発部門で働いていた。

「ニッチな会社なんですが品物は自動車、家電品のリモコンやパソコン、携帯電話、医療機器の中に入っていて製造業各社の認知度は高かったんです」

ところが品物を納入していた大手各社が生産を海外移転したり安価な中国、韓国製が台頭してきたため業績が低迷していった。

「うちも海外に出るしかない。自動車にしろ電機にしろ大手は成長の見込めるマーケットがあるところへ出ていく時代、生き残るためには我々も海外に出ていくということになったわけです」

開発も生産も移転先はタイ。日本には法人登記上の本社と営業部門の一部しか残さなかったという。

「一族郎党みな移転だと言われてもそれぞれ家庭の事情があるでしょ、工場長もそんなとこ行きたくねえって辞めました。わたしも子どもの学校や大病を患った母親のことがあり退職するしかありませんでした」

　事情が事情なので会社もそれなりのケアはしてくれた。転職支援会社に掛かる費用は負担してくれたし退職金にも見舞金を加算してくれたので文句はなかった。

　ただし、当然だが再就職は容易ではなかった。

「エンジニアということですがゴムパッキンの設計や加工技術なんてニッチもニッチ、他社からの引き合いは一件もありませんでした」

　失業手当の支給にも日数制限があるわけだし退職金は将来の生活資金に充てるつもりだから手を付けるわけにはいかない。

「ハローワークで介護職にするか中高年でも門戸の広い清掃、保安にしなさいという強い指導がありまして。介護は性に合わない。清掃は賃金が低過ぎる。消去法で保安・警備の仕事を選択したわけです」

　学生のときに短期間だが大手町のオフィスビルで守衛補助というアルバイトをやった経験もあるのでどんな仕事なのかは少し知っている。これも今の仕事を選んだ理由だ。

「前の会社で部署は違っても親しかった人たちが何人かおりまして、お互い退職したあとも連絡を取り合っていたのですが皆さん苦労していましたね」

　整体師の資格を取って治療院を始めたがまったく儲かっていないとか、宅配会社のセールスドライバーになったが3ヵ月で人身事故を起こしてクビになったとか、奥さんの実家がそば屋なので見習いで使ってもらっているとか。いい話はまったく聞こえてこなかった。

「警備会社への再就職はスンナリいきました。詳しい職務経歴書は求められなかったし。面接で聞かれたのは体力はあるか、ローテーション勤務は大丈夫かぐらい」

けれども賃金を含めた処遇は良いとは言えない。

正社員と言うけれど

畑中さんは雇用期間の定めがない正社員という雇用形態で働いているが会社の賃金システムはちょっと変わっている。

「基本的に警備員は全員が日給制なんです」

しかも日給額は1年目の新人も10年目のベテランも同額、勤続年数で日給が上がるわけではない。

畑中さんは去年11月一杯までは渋谷の商業施設に配置されて4勤1休のローテーションを組まれていたのだが、このときの賃金は日勤8時間労働で7680円、時給にすると960円。残業が1時間30分あったのでその分が1800円、日当9480円で月収は

23万円前後。他に手当の類はないのでこれだけだった。

建物をリニューアル工事するということで閉館になり警備契約も解除されたため12月から現在の解体工事現場に異動になったが、ここは時間外勤務はなし。週6日出勤しても月給は18～19万円ぐらい。交通誘導検定を取り、指令補という肩書が付いたが収入にはまったく反映されない。

「大学を出て就職したのがまだバブルと言われていた時期です。当時は残業代も青天井だったし住宅手当もあったので2年目の月収は18万円ぐらいだったと記憶している。25年前にタイムスリップしたみたいだ」

正社員なので一応ボーナスは出るが本当に雀の涙ほどの金額。

「再就職して最初は出勤日数の関係で少ないのは当然ですが1万8000円だった。妻に明細書を見せたら、これ間違ってんじゃないのと言っていましたね」

丸2年経ったこの冬のボーナスも4万5000円。溜め息しか出てこない。

退職金はないし、道路や水道ガス工事の現場では荒天で工事順延になったら自宅待機にされてその日の賃金がゼロになることもある。これでも正社員というのはおかしい。

「チラっと又聞きしただけだから真偽のほどは定かじゃないけど体調を崩したり長期療養が必要な病気になっても休めるのは2ヵ月が限度。それ以上になると自発的に退職するよう圧力があるらしい」

　正社員という雇用形態でも賃金や保障は劣悪、名ばかり正社員の典型だ。

「はっきり言って生活は苦しい。去年の手取りは約18万円、今は残業がないので14万円ぐらいだもの。わたしの収入だけで妻子を養うのは不可能だ」

　失業オヤジが頼るのはどこの家庭も妻。畑中さんも奥さんの収入に助けられている。

「家内はもともと看護師をしておりまして。10年以上ブランクがあったのですがわたしが前の会社を辞めてこりゃヤバイぞとなってから復職しました」

　約1年は自宅からバスで20分ほどのところにあった内科小児科の診療所で午後だけ4時間のパート看護師だったが現在は民間病院でフルタイムの正規で働いている。

「資格商売は強いなあと思います。パートでやっていたときだって時給は2000円だった。今は外来と月数回の夜間救急を担当していて月収33万円ぐらいある。もう平伏しちゃう」

　上の中レベルの大学を卒業し業界中位クラスの会社で開発部門のチーフまで昇進したが失業したらニッチもサッチもいかない。会社から離れたら価値が下がるんだと思う。

「夫婦のパワーバランスも微妙なんですよ」

　そのわけは収入格差。畑中さんの昨年の年収は280万円ぐらい、対して奥さんの年収は約450万円。夫としては情けない。

「2人の娘も学校のクラブで必要なものや模擬試験の申込みなどはまず妻に相談する。パパはあてにできないと思っているんでしょうな」

今や一家の大黒柱は妻。邪険にされたり疎まれたりはしないが気分が良いものではないし肩身も狭い。これは偽らざる本音だ。

辞めたくても辞められない

仕事は安全に係わるものだから責任は重大だし緊張感もある。しかし、それはやり甲斐には繋がらない。

「まず始業から終業まで誰かと話すことがない。これが苦痛でね」

今の現場は7時40分頃に出勤、工事会社と共用のプレハブ小屋が詰所になっていて、そこから携帯電話で営業所に出勤したことを報告する。工事会社の現場監督から作業予定や時間見通しなどを聞いて他に5人いる警備員の配置やペア割りを決め8時から持ち場へ。あとはダンプカーの出入口や重機の操作場所の警備、表通りに立って歩行者の誘導。昼休憩は交代で約1時間、その後は午前中と同じ業務を17時まで。

畑中さんは責任者なので日報の記入をしなければならないがせいぜい10分もあれば完了する。最後は営業所に退勤の連絡を入れておしまい。単調な毎日だと思う。

「歩行者の誘導をやるときは足元に注意して下さいとか少々お待ち下さいと声掛けするけど反応なんてありゃしない。まるで自分が透明人間になったような気になる」

無反応ならまだしも「ちぇっ」と舌打ちしたり「早くしろよ」と文句を言う輩もいる。たいていは20代、30代の若い人。

「こっちは大人ですから我慢するけど気分は悪い。くだらない人間だなと思うようにしているけど」

同じクルーの人たちとの交際もまったくない。仕事中の会話は申し送りの確認や新しい連絡事項の伝達だけ。たまに取って付けたような世間話をすればいい方だ。

「辞める人も多いんですよ。入社して最初に配置された神田の複合ビルにいたときのことなんですが、わたしの半月後に他から異動してきた人は1ヵ月で辞めました」

この人の退職理由はちょっと悲しい。前に勤めていた会社がすぐ近くで昔の同僚や部下に見られたら嫌なので他の場所に移してくれと会社に頼んだそうだ。ところが却下されてそれなら辞めますとなったという。

畑中さんもその気持ちは分からなくもない。「お前、チャッチャと仕事しろ」と叱ったり人事考課でCを付けたことがある昔の部下に今の姿を見られるのは嫌だ。

「30歳前後で自動車とか電機の大手で期間工をやっていた人は非正規でも30万円ぐらいの月収だったし期末手当も25万円以上もらっていた。正社員なのにこんな安月給じゃ馬鹿らしくてやっていられないと言って辞めていく。まっ、確かにそうだと思う」

会社を辞めると個人的な交際の範囲もどんどん狭くなっていく。

「わたしは釣りが趣味で釣友会に入っていたんです。海釣りに一回行くと船代や飲み会で1万円ぐらいは出ていくでしょ、遊びにそんなお金は出せないので誘ってもらっても適当な理由で辞退していたら最近はお誘いもなくなった」

親類縁者との交際も同じ。畑中さんも奥さんも今どき珍しく親戚付き合いが密だった。畑中さんの方は男兄弟ばかりだったがたまには全員揃って飲みに行ったり長兄のところで暮らしている母親の世話に出向くことがあった。奥さんの方も姉妹で観劇に行ったり親戚一同で海外旅行を楽しむこともあったが今は必要最小限の交際で勘弁してもらっている。時間的な余裕も金銭的な余裕もないからだ。

親類縁者や利害関係のない友人たちともこうなのだから、もといた会社の人間とはまったく縁が切れた。辞めてすぐの正月には昔の上司や同僚から『新しいステージで活躍することを願っています』という文言が添えられた年賀状が届いたが次の年にはゼロ。会社時代の付き合いは上っ面だけということだ。

「今の現場は4月一杯でその後はまた施設警備に戻すという通知がありまして。そうなれば手取り18万円は回復すると思う。それまでの辛抱だと思って頑張らなくちゃね」

一時は本気でフランチャイズビジネスを考えたが素人商売がうまくいくはずがない。面白くもないし低賃金でも他の仕事がないのだから我慢するしかないと言い聞かせている。

「だけどね。前の会社で海外移転の話があったときに家族を説き伏せてタイへ行っていたらどうだっただろうと考えることがあります。今だったら単身赴任でも会社に残る道を選択していたと思う」

会社あってのサラリーマン。身に沁みてそう思う。

WORK NO.09

フリーター

氏名／野沢政志（29歳）　出身地／新潟県柏崎市　現住所／東京都葛飾区
最終学歴／大学卒　主な職歴／なし
現在の職業／アルバイトなど　収入／月収約14万円　家族構成／独身

仕事は誰でも簡単にできること

「今日はこれをお願いします」

作業場にあったのは大量の段ボール箱に入っている桃の缶詰。リーダーの女性に仕事の手順を教えられたが、早い話がラベル貼りだ。

ここは東京港近くの倉庫団地。様々な業種の企業が物流センターを置いている。

「今日もくだらない仕事だな……」

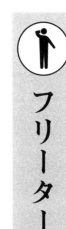

そう言いたい気持ちをぐっと飲み込んで野沢さんは数人のワーカーたちと作業台についた。仕事はタイ産の缶詰に日本語で書かれた原材料、生産国、アレルギー物質の有無、内容量、輸入業者、販売業者などを印刷したシールを貼っていくだけ。楽しい仕事ではないし気楽でもない。ひとつ仕上げて別の段ボールに移すまでの所要時間は15秒以内と決められていて、ちょっと作業速度が落ちるとリーダーから「遅いよ、早くやって」と注意されるのだ。

「マジな話、ロボットになったつもりじゃなけりゃやれないよ」

考えることや工夫することは要求されない仕事。1時間やると飽きるが多少は身体を動かすので眠気はない。

野沢さんは業務請負会社のアルバイト社員でこの現場に派遣されている。雇用契約は3ヵ月ごとで賃金は時給900円。1日8時間、週5日出勤して月収は約14万円。

「社会保険料と税金を天引きされると手取りは11万円を切ります。ワーキングプアなんでしょうね」

この会社、つい数年前まではフルタイムで働いているのに社会保険に加入させなかったという。労働基準監督署に告発されて指導が入ったので渋々、加入手続きをしたそうだがワーカーの時給が1000円から900円に引き下げられた。どこまでも安く使い倒そうということなのだ。

「自分でも俺は何をやっているんだと落ち込むことがありますよ」

入口は内定切り

野沢さんが都内の中堅私大を卒業したのは09年3月。在学中の就職活動はリーマンショック直後ということもあって困難を極めた。大袈裟ではなく90社近くの面接、採用試験を受けやっと採用されたのが貨物運輸会社。

これで卒業＝無業者にならずにすむと安堵したが卒業式直前に内定先企業から一方的に内定取り消しされた。理由は業績の急激な悪化によって新規採用する余裕がなくなったというものだった。

大学の就職課に相談したが「企業側に抗議しておきます」と言うだけで何も行動してくれない。野沢さん個人で直談判したが今度は内定取り消しではない、採用計画の撤回だという屁理屈でまともな応対もしてくれなかった。

「就職留年も考えたのですが、そうすると1年分の学費が必要。郷里（新潟県）の親に相談したのですが『留年した分の学費はもう払えない』と言われてしまいまして。仕方なく卒業したわけです」

この時点では「景気が回復すれば企業の採用意欲が高まるはず。それまではアルバイトでしのごう」と前向きに考えていた。

これまでにやったアルバイトは定番のコンビニ店員を振り出しに10種類以上。途中の1年半は地域型スーパーの契約社員もやっていた。

この地域型スーパーでは正社員への昇格を目指して頑張っていたが配属されていた店舗が閉店することになり雇い止めに。その後は派遣、スポット派遣、短期契約の仕事にしか就けなかった。

「今でも中途採用の求人広告を見つけると履歴書を送ったりするけど1週間で返送してきます。どの募集も自分の年齢だと経験者が求められるわけで。そこへ未経験者でまともな職歴がない者が手を挙げても相手にされませんよ」

ハローワーク、若者支援ハローワークなども利用しているが結果は似たり寄ったり。

「飲食業、外食産業、介護などは募集が多いけどやりたくない。経理事務や営業などは倍率が10倍なんて当たり前。なかなかうまくいきません」

資格を取るとか技術を習得するために専門学校に行きたいと思ったこともあったが費用が工面できなかったし、仮に学費だけは賄えたとしても生活費を稼がなくてはならないから現実的には無理な話。アルバイト的な仕事をしながら職探しするしかなかった。

フリーターは25歳まで

「大学を卒業して3年弱ぐらいまではアルバイトも派遣も比較的いいものがあって選ぶことができたけど、年齢が26歳を過ぎると使ってもらえる仕事の質が徐々に落ちていきます。フリーター28歳定年説なんて話を聞いたことがあるけど、現実はもっと厳しいと思う」

例えば派遣。日雇い派遣でも若い頃は役所のアンケート調査、携帯電話会社の電波受信状況調査、ファッションショーや見本市会場での受付や案内、飲料・食品メーカーの販促キャンペーンなど堅い仕事を回してもらえたが26歳を過ぎた頃から肉体労働や単純労働の現場しか回してもらえなくなった。

「アルバイトも同じですね。コンビニへ行ってもファミレスに行ってもアルバイトで働いているのは20代半ばぐらいの人が大多数でしょ。主婦パートを除くと男性で30代、40代の人は見たことがないもの。最近じゃコンビニの深夜勤にシニア層の人がいるけど、世間一般の考え方は働き盛りの男性がアルバイトってどうなのというのが本当でしょ」

野沢さんの場合だと26歳中頃まではコンビニ、レンタルＤＶＤ店、パソコンショップ、エスニック料理店など募集を見つけて面接したら即採用ということが普通だった。スポット派遣も仕事が途切れることの方が稀という状況だった。

「スーパーの契約社員を雇い止めになって当座の生活費が必要だったからアルバイトを探したんです、だけど断られることが何度かありました」

時給1100円に釣られてゲームセンターのアルバイト店員に応募したがまさかの不採用。携帯電話の販売店も断られた。

「とうとうゲーセンのバイトもお断りかと落ち込みましたね。はっきり言うと、ああいう仕事は少し頭が弱くても務まると下に見ていたから」

ちょうど時期が確定申告の少し前で派遣会社が申告会場での事務アシストや電話応対の短期スタッフを募集していたので説明会に出席し、その場で面接も受けたのだがこれも後日、不採用を告げるメールが来た。

採用してくれそうなのは宅配会社の地域センターでの集荷・配送、激安中華店のホール係、居酒屋の調理補助や皿洗いぐらいなもの。派遣だと中小の生産工場や建物清掃、建築関係しか回してもらえなくなっていた。

「この仕事はやりたい仕事ではないけど選択肢が狭まっているのだから贅沢は言えないでしょ。生きていくにはお金が必需品、時間を売ってお金に換えている。そう思っているわけです」

だけど「こんなことになるとは」というのが正直な気持ちだ。

職場にいる変わった人たち

仕事の単調さ、賃金の低さは勿論だが変わった人が多いということも気持ちをイラつかせる。作業現場にいるのはアルバイト社員と短時間パートの混成部隊なのだが社会常識のない人の出現率が高いんじゃないかと感じている。

「挨拶ぐらいちゃんとしろと注意されたら、そんなこと説教されたくねえと怒りだしてその場で辞めちゃったおっさん。1週間も無断欠勤したのでクビになったのに訴えてやると騒いだおばさん。いろいろいますよ」

毎月始めには若いフリーターが入ってくるが髪の毛が紫色だったり二の腕の辺りにタトゥーを入れているのが来る。堅い職場ならアルバイトでも使ってもらえないようなのがいるのは本当のところだ。

「短時間パートの女性陣はうちの子どもがあんな風になったら嫌よねとか言っています。週2、3回出勤の学生アルバイトも頭の悪そうな小僧だなって馬鹿にしている。まっ、半月もすればいなくなっちゃうけどね」

この人、大丈夫なのかな。将来どうするんだろうと心配になる中高年男性も多い。40歳、50歳でこのアルバイトが生業という人も数人いるという。

「自分のいるクルーには『先生』って呼ばれている人がいるんです。何のことなのかそれとなく尋ねてみたら絵をやっているって言っていました。土日はどこかのカルチャーセンターで水彩画やデッサン画を教えていて平日はここで作業員をしているそうです。何か浮き世離れしていてね、温和で悪い人じゃないけどもう50歳近いんだから将来どうするんだと思うな」

管理監督者である正社員にもキツイ人、危ない人がいる。クルーリーダーが作業速度の遅いワーカーの部署替えを相談したら「猫の手よりはましだろう。使えなかったら雇い止めにすればいいいんだ」と一蹴されたとか、反抗的なフリーターを殴って頭を踏みつけ「お前、殺すぞ」と脅した係長がいたとか。請負会社の正社員から見たら時給900円で働いているワーカーは単なる道具で人として見ていないということが分かる。

こういう職場だから人の出入りは激しい。野沢さんは入ってまだ9ヵ月だが前からいる人の半分、後から入ってきた人の3分の1がもういなくなっている。この職場で2年以上働き続けている人は極めて少数なのだそうだ。

どうでもいい仕事

最近は各所で労働力不足と言われ始めているが野沢さんの職場も同様。会社は毎月のように求人情報誌に募集広告を掲載しているが人は来ない。足りない労働力をどう調達するかというと在籍者の勤務時間延長ということになる。ところが、これはこれで困る人も多いのだ。

「時間延長したり勤務日数を増やすと旦那さんの配偶者控除から外れちゃうんだって。それは困るというパートさんが多いんです」

本音は裕福な専業主婦が憧れ。だけど夫の収入はそう多くなく、この先も収入アップは期待できない。それなのに住宅ローンの返済はあるし子どもの教育費も重たい。こういう人にとっては出勤日や勤務時間を調整できるパート仕事はありがたい。こういうように家計の補助的労働として働いている人が多いのだ。

仕事そのものがやっていて楽しいわけじゃないから、これ以上は働きたくないという人も多数。

「たまにコンビを組むおばさんは1日4時間で週3日だから我慢できるのよ。こんなことを毎日やらされるのはごめんだわと言っていた」

このパートさんはフルタイムやそれに近い時間働くのだったらもっと条件が良く、やっていて楽しい仕事を探すと言っていたそうだ。

「実は自分も契約社員にならないかという誘いを受けたのですが断ったんです」

契約社員に昇格できたとしても雇用契約は1年ごと。賃金も8時間労働で日給7800円。魅力的な条件ではない。

「会社の人は残業や休日出勤があるから稼げるぞって言うけど、自分もこんな仕事を長時間やるのは苦痛ですから」

身体的には辛いことはないが仕事が終わってトイレで顔を洗い、鏡に映る自分を見ると目が死んでいる。一緒に働いている人も同様で朝の顔つきと夕方では人相が違っていることがある。

「自分にとって大事なのはどうやってここから抜け出すかなんです」

単純労務の繰り返しでは知識や技能の蓄積は不可能。今でも相当ヤバイ状況なのにずっとここに留まっていたら何の取り柄もない人間になりそうで怖い。

「今でもたまにハローワークへ行っているのですが職業訓練を受けてみればというアドバイスを受けまして。職業訓練を受講できると失業手当の支給日数を延長してもらえるそうなんです。ハローワークの方に経理実務コースを勧められました。もう30歳間近、ここで何とかしないとドツボでしょ」

　職業訓練が受けられるようならこのアルバイトとはオサラバできる。それが唯一の希望だ。

憂鬱な若者たち

　フリーターという造語が生まれたのは80年代の後半頃。正社員としては働いていないがアルバイトをしながら真面目に夢に向かってチャレンジしている若者への応援を込めた呼称だった。フリーターという語感の軽やかさもあって新しい働き方と注目されたが経済の衰退に伴って「就職できなかった人たち」「考えが甘く、問題のある人たち」と評価は急降下していった。

　実際のところ現在、学校卒業後の進路として積極的にフリーターを選択する人は極々少数だろう。何しろ子どもたちに将来なりたい職業は？　と尋ねると、「正社員」という返事が返ってくる時代だ。

　証言者の野沢さんは仕事の内容、処遇に対して大いに不満を抱いているが、これがフリーターの現状だ。

　求人情報誌をめくると多くのアルバイト募集が載っているが、まず業種、職種が限られている。飲食業、販売業、軽作業が大半だ。銀行や商社がアルバイトを採るなんて聞いたことがない。募集広告の文言も「難しい仕事ではありません」「未経験者歓迎」。つまり頭脳労働や基幹業務に携わることはない。技術や知識を会得するのは難しい。

賃金についても、時給の高い都市部でも900円～1000円が相場。フリーター専業では月収が16万円前後、年収にしても200万円が上限だろう。アルバイトの場合は雇い主の都合で簡単に失職することがままある。そうすると空白期間が生じるので収入はぐっと下がる危険もある。いいことはほとんどないのだ。

このことは当のフリーター自身も危機感を抱いていて、多くのフリーターは正社員として就労することを望んでいるが世間の評価は厳しい。

大人世代にフリーターの印象について尋ねると次のような答えが返ってくる。

「就職氷河期の影響でと言う人がいるが中小企業は募集を続けていた。大企業ばかり志向してたからそうなったんだと思う。基本的に社会を見る目がない」(中堅印刷会社管理職・47歳)

「きちんとした躾やトレーニングを受けていないので社会常識に欠ける人が多い。ハローワークの要請で何人か試験的に来たが長続きしなかった。やる気がないのが多い」(機械加工会社社長・51歳)

「就職は職歴や経験を問われない新卒のときがもっともチャンスがあるはず。就職できなかったのは本人の資質の問題では？」（運送会社勤務・33歳）

「夢とかやりたいことにこだわっているという人もいるらしいが、そんな甘いことを言っている段階で生産社会から脱落している。生きていく力が乏しいという印象」（食品関連・39歳）

　このようにフリーターに対しては寛容でもなく同情しているわけでもない。かわいそうだとは思うが自己責任だろうというのが社会の評価だ。

　一方、当のフリーター自身は自分をどう評価しているのかというと、これも後ろ向きな回答が多い。

「やっぱりイメージが悪い。世間からフラフラ遊んでいるだけの人間と思われている。プータローって言われるのはその通りだと思う。目的を持ってアルバイトしている人なんていません」（コンビニアルバイト・大卒・25歳・男性）

「やっていて楽しいことはない。信用がないし収入が不安定だからアパートを借りるのも苦労する。そのうち何とかなると思っていたがどうにもならなくなってきた」（飲食店アルバイト・高卒・29歳・男性）

「一緒にアルバイトしている人にはだらしないのが多い。時間にルーズだったり約束を守らなかったりする。二十歳前後ならともかく大学まで出てこの年齢で未だにフリーターでいることに引け目というか劣等感がある」（書店アルバイト・大卒・27歳・女性）

「結婚するとか子どもを持つとか、そういう願望はほとんどない。今は自分自身の生活を維持するのが精一杯で将来とか老後のことを考える余裕がない」（遊戯場アルバイト・大卒・31歳・男性）

このような感じで、彼らが好きでフリーターをやっているわけではなく、フリーターをやりながらやりたい仕事に就けるとも期待していないのが分かる。

また、特徴的なこととしては学歴の高いフリーターほど棘のある言葉を吐いたり自身の現状に対する不満が大きい。これは受けた教育の水準や掛けた教育費に対してあまりにリターンが少ないことへの不満なのだろう。

フリーターの世界は逆年功序列的なところがあって、証言者の野沢さんが26歳中頃まではアルバイトもスポット派遣も途切れることはなかったが、その後は応募しても断られることがあったと言っているように年齢が高くなるに連れて仕事を選べなくなってくる。

コンビニや飲食店など学生や若年フリーターが多い場所は人間関係がうまくいくかどうかが懸念されて断られることがある。フリーターの取り柄は若さだけ、年齢が高いフリーターは扱い難いということなのだ。

フリーターという言葉は34歳までで、これを超えたら35歳以上でパート・アルバイトに従事している人ということになる。30台半ばになってしまうと多少、地頭が良くても学歴が高くても正社員になれる確率は恐ろしく低くなる。

今はパラサイトしていて食と住は心配なくとも、いずれ親は先に亡くなる。兄弟姉妹がいても独立して家庭を持つようになれば自分たち家族の生活が最優先で支援や援助は望めない場合もある。

中高年向けの短時間パートを掛け持ちしたり日払い仕事で何とかなるとしても、それらの仕事は低賃金のうえに重労働なことが多い。40代、50代になってもずっと続けるのは厳しい。体調を崩せば途端に失業し、収入が途絶えて路頭に迷うこともあり得る。

そんなことにならないためには、とにかく安定した職に就くことが賢明だ。やりたいこと、やり甲斐、向き不向き、格好良さ、世間体などは一旦置いといて収入源を確保する。

1日のうちの8時間、9時間を売って金に換えている。これぐらい割り切った考え方にしないと破綻は避けられないのではないだろうか。

高齢化に伴って労働力不足が懸念されているのだから企業側も外国人労働者の活用などと言わず、不本意ながらフリーターなど非正規で働いている人に積極的に門戸を開いてもらいたい。

ソープランドのボーイ

WORK NO.10

氏名／守谷英樹（36歳）　出身地／山梨県韮崎市　現住所／東京都豊島区
最終学歴／大学卒　主な職歴／証券会社約6年→土木作業員約2年
現在の職業／特殊浴場ボーイ　収入／月収約30万円　家族構成／独身、両親は健在

『わけあり』ばかりの職場

「まあ、早い話が賤業ですよ。社交とか娯楽という言葉で誤魔化しているけど性風俗なんだから」

都内の歓楽街にあるソープランドで働いているという守谷さんはこの業界に入って丸2年になるという。

「元々は証券会社でサラリーマンをやっていたんです。ところが道を踏み外してしまい2

年半ほど別荘（刑務所）暮らしする羽目になったわけ」

ギャンブル、特に競艇に入れ揚げてしまい伝票操作で会社の金を着服。遊興費や飲食代に充てていたが1年もしないで事が露見。業務上横領で逮捕されたということだ。

「600万円ぐらい摘んだんです。弁済できていたら執行猶予が付いたろうけど無理な話です。実刑判決で収監されてしまいました」

刑期満了で出所したが行く当てはない。両親と姉はいるが合わせる顔がないし迷惑を掛けるのも嫌。じゃあ仕事があるかといえば前科者だからまともな仕事に就くことは困難。

「求人情報誌で募集していた土木作業員がやっとでしたね」

仕事は関節から火が出るようなきつさ。家がないから工事会社の寮で暮らしていた。日当は9500円だが仕事がない日もあるので月収は20万円程度、寮費を引かれると手元に残るのは13万円程度だった。

そんなとき、電車の網棚から失敬したスポーツ新聞の求人広告でたまたま今の仕事を目にした。

「給料35～50万円、個室寮完備、昼食又は夕食支給というのは考えられない条件でした。見事に騙されたけど」

面接は簡単なもので履歴書は必要だったが住民票や戸籍謄本などは求められなかった。

「自分が前科者だということも告げたのですが、そうかい、何があったか知らないがうちはわけありがゴロゴロいるという感じで詮索されることはなかった」

勤務時間は朝7時から夕方6時までの早番、昼1時から深夜2時までの遅番を6日ごとの交代制。休みは週1日。

「給料は最初の2ヵ月は見習いボーイということで25万円。社会保険はなし。こういう条件で働き始めました」

寮は面接に行ったその日から使っていいということになったがボロい木造アパートの4畳半、布団一組もなかった。必要なものは自分で揃えろということだ。風呂はなくトイレは共同、炊事場はあるがガスは通っていないので使用不能。これで使用料は5万円。

「刑務所の独房みたいなところだよ」

入ったときに9人、何人か出入りがあったが今も8人が共同生活している。

「若いのだと24歳というのがいます。その一方で50歳間近で新しく入ってくる人もいて。自分もそうだけど複雑な事情を抱えているのが多い感じです」

多少は親しくなるが個人的なことや家族のことを聞くのはタブー、付き合いは上っ面だけだ。

ソープの世界、裏話

風俗業界は完全な縦社会。ソープの世界は4種類に分けられる。オーナーが絶対君主でその下に店の番頭である店長がいる。その下は泡姫たちの出欠確認や顧客管理をするマネージャー。

「店長というのが店の名義人なんだそうです。警察の手入れが入ったときのパクられ役だという話です」

ボーイは一番の下っ端。泡姫たちの送迎や備品、消耗品の管理、清掃などの雑用係だ。

「オーナーは毎日夕方4時頃に来て店長と何か話してすぐに帰っちゃう。自分たちはオーナーと話したこともない」

オーナーが来るとなるとフロント係以外は入口前で二列になり、最敬礼でお出迎えする。

「少しでも頭を下げる角度が浅いと店長から、テメエは挨拶もまともにできねえのかと鉄拳制裁。回し蹴りもよく飛んでいる」

仕事は激務でタオルや衣類の洗濯、アイロン掛け、備品の管理、客が出たあとのプレイルームの掃除。泡姫たちから頼まれた買い物や雑用も。

「客の送迎もやるし、閉店後におねえさんたちを家に送り届けるのも仕事」

ソープのボーイと聞いて何も知らない人は艶美な泡姫たちに囲まれて華やかな世界だと思うかもしれないが現実はまるで違う。

新人のボーイは女の子たちと会話することさえ禁止。何か聞かれたり頼まれたりしたときだけ必要最低限の会話が許される。

「おねえさんたちが稼いでくれるわけで、彼女たちの機嫌を損ねたら土下座が基本。それで終わりじゃなくてマネージャーや店長から殴られる」

客からの暴力も珍しいことではない。さすがに店の中で暴れることはないが、遊んだ客を最寄り駅まで送るワゴン車の中で「態度の悪い女だったぞ」「写真と実物が全然違うじゃねえか。金返せ」などと言い掛かりをつけられ殴られることが年に数回。

だけどボーイは虫けら同然、言い返したり抵抗することは許されない。口にしていいのは「申し訳ありません」「以後、気をつけます」だけだ。

働き始めて丸2年が経ち給料は30万円になったが休みは週1日。1ヵ月の労働時間は280～300時間になるので時給にしたら1000円を少し超える程度の金額。ファストフードのアルバイトと大差ない。

「手取りの給料はもっと低いんですよ。寮費5万円を抜かれ制服のクリーニング代、わけの分からない福利厚生費を引かれると22万円ぐらいなものです」

明細書には所得税が源泉徴収されていることになっているが、それをちゃんと納税しているかは疑問だ。

こんな仕事だからストレスが溜まって仕方ない。唯一の楽しみは休日のサウナ通い。広い風呂に入り、一杯やって熟睡するのが至福の時だ。

ソープランド人間模様

わけあり歓迎の職場だから周りの人間たちも脛に疵ありという人が多い。特殊な世界だから普通の人が来ることはないのだ。

「もう辞めたけどわたしと同年齢ぐらいのボーイがいましてね、その人も実は前科があるんだと言っていました。何でもモグリのポーカーゲーム喫茶で雇われ店長をやっていたらしい。無許可営業とか賭博幇助で捕まったんでしょうね」

元暴走族、元ヤンキーなどは普通。商売を失敗した元経営者や商店主、リストラされた元ホワイトカラー、工場派遣や日雇いから流れてきた人など様々だ。

「わたしもそうだけど自分から何か話すことはほとんどない。だけど何かの拍子で昔の一端をポロリと口にする人はいます」

そんなときは軽く聞き流すか「大変だったんだね」「まあ、いろいろあるよ」と当たり障りのない言葉、一言二言でおしまいにする。面白がって根掘り葉掘り尋ねることはしないというのが暗黙の了解となっている。

「人に自慢できる人生、誇らしい経歴を持っているというわけじゃないからね」

オーナーという人も謎の多い人物だ。フロントチーフからは北関東の方で手形割引や不動産融資などの金融業をやっているらしいという話を聞いたが、古株のボーイはソープの他にテレクラやキャバクラなどの風俗業を手広くやっているみたいだと言っていた。

「本当のところは誰も知らないみたいです。知っているのは店長だけだろう」

泡姫たちも普通の若い女の子とは違う。

「お金中毒みたいな子が多い。時計はブルガリでバッグはエルメス、服もいいものを着ているけど、しょっちゅう前借りしている子がいるよ」

ヤミ金の類に借金がある子も数人。閉店する頃に通用門のところで強面の取立て屋が待っていることがあるそうだ。

「トゴ（10日で5割）とかトハチ（10日で8割）で借金しているらしい。金融業者に連れられてうちに来る子もいますから。人身売買じゃないけど借金返せないなら風俗に行けということなんでしょ、こういうのはお風呂に沈めるって言うそうです」

男性従業員は当然だが泡姫たちもわけあり。そして一癖も二癖もある。

「ソープランドなんてそんな連中の吹き溜まりですよ」

脱走というか、男性従業員にしろ泡姫にしろ、何の前触れもなくフッといなくなることもある。店に前借りがある場合は草の根わけても捜し出しておとしまえをつけさせるが、そうでない場合は「しょうがねえな」でおしまい。誰も心配しないし気にも掛けない。いなくなったらそれだけだ。

守谷さんは丸2年ソープで働いてきたが最近は「この先、どうするか？」と考えるようになった。

「店長は高卒や中卒の奴らには期待していないがお前は大学出のインテリだ。幹部候補生としてオーナーも期待しているんだぞ、精進せいと言うんですが、このまま性風俗の世界にいるのはどうかなとも思う」

前科のある自分が30万円の給料をもらって飯が食えるだけでもありがたいと思うか、辛いことがあっても堅気の世界に戻るか……。

「介護とか陸送は人手不足なんでしょ、昔のことが分からなければヘルパーとかタクシーとかやってみるのも手かなと考えることがあります」

いざとなったら風俗業というのはその通りで、ここなら過去は問われない。何とか生き延びていくことはできるだろうがそれだけだ。長く留まるところではないと思う。

風俗業界求人情報

どんなに世の中が不景気になっても廃れない商売が風俗業界。多少は売上の増減があるだろうが簡単には潰れない。風俗業界は安定産業なのだ。

採用に際して学歴は問われない。詳しい職務経歴書も不要。履歴書は必要だが住民票や戸籍謄本の写し、身元保証人などは必要ないところが大半。金に困ったら手っとり早く稼ぐのにはいいかもしれない。

業態によって給料はまちまちだが、おおよその金額はこんなもの。

店舗型ファッションヘルス：店舗スタッフで40万円〜、店長なら50万円プラス歩合
キャバクラ：ボーイ・ホール係30万円、リーダー40万円、副店長45万円、店長55万円
デリヘル：事務所要員30万円、送迎スタッフ日給6000円
ソープランド：ボーイ30〜35万円、フロントチーフ45万円、マネージャー60万円、店長80〜85万円

こういう業界も人手不足らしく専門の求人情報誌に載っていたセクキャバの募集広告は

幹部候補大量採用、初任給35万円。入社祝い金10万円支給、スーツ一式プレゼント。誕生日祝い金あり。1Rマンション寮あり（即入居可・使用料不要）家具家電完備。食事支給、週休制、社員旅行年1～2回という破格の待遇。

ただし、こういう仕事はまず社会保険には未加入。労働基準法も無視。好待遇を謳っていてもどこまで本当かは分からないから注意。

若い女性が多くいる職場だからいい関係になってしまうことがあるが、商品に手を出したらタダですむわけはなく50万円ぐらいの罰金を取られて即刻クビ。「気合を入れる」ということで暴力も頻繁にあるらしいので、やはり普通の職場ではないということは覚悟しなければならないだろう。

それでも、こういう仕事で助けられたという人が多いのは事実だ。震災の余波で勤めていた建築会社が倒産し、失業したAさん（当時27歳）は給料30万円、随時昇給という条件に惹かれて性感マッサージ店に入店。電話番、チラシ配りや掃除などの雑用からスタートして1年後にマネージャーに昇格。更に1年後には新規オープンした店の店長になり年収が600万円までアップしたという。

「店長になると勤務時間は1日12時間、休みは10日に一度ぐらいでしたね。だけどきつい肉体労働をするわけじゃないし、暇なときは奥で仮眠も取れる。客のいないときは女の子たちと話して息抜きもできた」

勤め始めたときはアパート暮らしだったがマンションタイプの寮に転居。家賃は水道光熱費込みで月3万円だった。

「店長をやっていたときは月給50万円でした。寮費と税金を引かれると手取り40万円と少し。遣うのはせいぜい10万円程度だったから毎月30万円ぐらい貯金できましたよ」

約4年半勤めて貯めたお金は800万円。Aさんは15年末で風俗業界を卒業し、郷里の静岡で飲食店を開業するため帰郷するということだった。

人に自慢できる仕事ではないし家族にも話したことはないが、風俗業で人生をリセットできそうなのは紛れもない事実。良い悪いの議論は別のことだ。

ブラック企業のＳＥ

WORK
NO.11

氏名／村田修一（28歳）　出身地／東京都八王子市　現住所／東京都品川区
最終学歴／大学卒　主な職歴／新卒で現在の会社に就職。プログラマー、ＳＥとして6年目
収入／月収約41万円　家族構成／独身

深夜0時のオフィスで

新宿副都心にある高層ビル。22階のフロアにある情報通信会社のオフィスは0時近くになっても煌々と灯が点いている。

「おい、そろそろ出ないとヤバイんだろ。今日はもう店仕舞いしろ」

向かいの席の同僚から声を掛けられた村田さんは部屋の真ん中に掲げられている大時計を見てみた。時刻は23時40分を示している。

村田さんの自宅アパートは品川区の東大井。最寄り駅は京浜東北線の大井町駅だ。

「ビルから新宿駅までが歩いて10分、山手線で品川駅までが20分弱。乗り換え時間も見ておかなきゃならないでしょ、そうするとこの時間が限界なんです」

23時40分に終業しても品川駅で乗れる京浜東北線は0時23分の蒲田行。大井町駅で下車して10分ぐらい歩くのでアパートに帰れるのは0時40分頃だ。村田さんは大手電機メーカー直系の情報通信会社でプログラマー兼SEとして働いている。

入社は2011年なので今年で6年目に入ったところ。現在は中堅食品スーパーの在庫管理システムと大学病院の自動会計システムの更新を掛け持ちしている。

「診療報酬が改定されるので項目ごとの保険点数をすべてチェックしなくちゃならないんです。2月末までに完了しろと言われているので毎日終電近くまで働いている」

ＩＴ業界は成長産業なのだろうが仕事はハード、技術者の数も絶対数が不足している。

「入社式のあと4日間オリエンテーションがあったのですが2週間目からは現場に放り出されました。仕事は実践で覚えろというのが会社の方針なんです」

以来、残業、残業、また残業という会社生活を送っている。

ときにはクライアントに出向いてソフトウエアの使い方をレクチャーしたりすることもあるのでいつも仕事に追われているという強迫観念がある。

毎年5月と11月には技術研修があるが、研修が終わったあとは通常の業務が待っているので早帰りできるわけではない。いつも1日があと2、3時間余計にあったらいいのにと思うほどだ。

「定時に終業できるのは仕事と仕事の間にタイムラグがあったときだけです。年に10日もありませんがそのときだけは少し気持ちが落ち着きます」

村田さんは可能な限り日付が変わる前に退社するようにしているが同僚の何人かは週に1、2回。繁忙期には丸1週間会社に泊まり込む人もいる。

「悪いけど今日はこれで帰らせてもらうよ」

村田さんが席を立つと「俺もそろそろ」「すいませんがお先させてもらいます」と何人かが帰り支度を始める。その一方でデスクの引き出しからレジ袋を出してトイレに直行する人も数人。

この人たちはトイレの流しでタオルを絞り、個室に入って身体を拭いたり足を拭いたりするのだ。下着、靴下、ワイシャツを3、4日分ロッカーにストックしておくのは会社の常識になっている。

トイレには「この場所で髪を洗う行為はおやめ下さい」というお願いが貼ってあるが、そんなのお構いなしでシャンプーする人や洗濯する人までいて、ビルの管理会社から総務部に善処を要望する書面が届いたということだ。

今日は泊まりとなった人たちはビルの地下にあるコンビニで食料を調達。その後は自前の寝袋や毛布にくるまって4、5時間の仮眠をとる。

「自分も泊まり込みということがあるのですがビルの地下のゴミ捨て場から大きめの段ボールを持ってきて、その中で毛布にくるまって横になります。これは高速道路下にいるホームレスと同じじゃないかと思っちゃいますね」

IT技術者といっても実態は肉体労働と同じ。村田さんはこんな風に思うことがある。

社員は定額使い放題

ただでさえ仕事量が増えているのに去年4月からは労働形態が変更され、際限なく働かされるようになってきた。それは裁量労働制が取り入れられたから。

「会社の言い分は労働時間ではなく仕事の密度やクオリティーだというわけです」

制度の導入によって村田さんと会社の雇用契約も改められた。

「自分は総合職ということで入社したのですがこれを技術開発専任職にするということにされました。賃金体系も変更です」

以前の総合職であれば総務・庶務、経理、営業などの部署に異動することもあったが技術開発専任職となったら異動はなし。仕事が嫌になったら退職するしかない。賃金も月給制から年棒制に変更された。

「直近2年間の総支給額を基に算出したというけど、いまいち根拠が分からない」

村田さんの場合だと変更前2年間の平均月収は月給と固定残業代で約32万円、賞与が年間70万円。これを基に算出された昨年の年棒は４６０万円。これを12等分したのが１ヵ月当たりの報酬、これに食事補助と住宅手当が付いて月収は40万円。

「一見すると悪くないけど夏冬の賞与がないのは淋しいですね」

年棒の決め方も会社の言われるままでプロ野球選手のような交渉はない。

「3月に新年度の年棒を通知されたのですが、こうなりましたというペラ紙一枚の通知書で終わりでした。自分だと年額で20万円上がって４８０万円ということでしたが20万円という金額が何を基準に算定された金額なのか不明です。釈然としない」

年額で20万円の昇給というのは月給制のときの年収の伸びとほぼ同程度。これならいいと思うが以前は勤続年数が上がっていくと棒給表の１段階が多くなっていくので将来的には損になることになる。

「今年度の月額報酬は41万６０００円ということになっていますが労働時間で割ったら１

時間単価はたいした金額じゃないんです」

　基本的に1ヵ月の労働時間は1日8時間×20日で160時間だが時間外労働がベラボーに多い。

「基本的には残業3時間が当たり前。月中と月末は4時間、5時間ということもある。平日残業2時間ぐらいで切り上げている人は土曜日、日曜日に出てきて6時間ぐらい働いています。泊まりとなったら残業8時間、もう残業というレベルじゃないよ」

　この2ヵ月は業務過多の村田さんは平日残業が70時間、土曜日2回、日曜日も2回出勤して約20時間働くから時間外勤務は90時間。所定労働時間と合わせると1ヵ月250時間も働いている。1時間単価は約1660円だ。

「技術系の派遣会社から来ている派遣社員の時給が1600円だというからほとんど変わらない。むしろ責任の重さを考えたら少ないぐらいです。正直、やってられないと思うことがある」

　正社員だからといって特別、厚遇されているわけではないのだ。

仲間がどんどん壊れていく

これだけ過重労働が続くと心身に異常をきたす社員が出てくる。

「健康診断の結果が書面で送られてくるとお互いに見せ合いながら『お前、そろそろ倒れるぞ』って話しています。実際のところ病気で休職する人もいるから」

村田さんも昨年の健康診断で下された判定はC評価。総コレステロール値が２９７もあり治療が必要な高脂血症ということだった。他に脂肪肝の疑いもあるということだ。

「本当なら設備の整った病院でチェックしてもらいたいんだけど忙しくて通院どころじゃありません」

それでも今のところはまだ何とかなっているから、あと半年ぐらいは大丈夫だろうと思うようにしている。

「糖尿の人も多いんですよ。35歳ぐらいで境界型、40歳で2型糖尿病になってしまう先輩が多い」

1日中パソコンを叩き食事は脂肪分の多いファストフード、ジャンクフードばかり。これじゃ身体にいいわけがない。

「自分の場合は最近、睡眠障害みたいになってしまいました。疲れてもう目を開けているのも辛いのに横になっても寝つけないことがある。そのうち足がピクピクしたり上半身が痺れるような感覚に襲われることがある」

次の日は休めるという夜は目覚し時計をセットしないのだが、目覚めたらもう夕方4時ということもある。

「確実に身体は傷んでいると思う。昔は風邪をひいても4、5日で治っていたけど、最近では診療所で処方された薬を2週間服用しても抜けないんです。ときどきだけど耳鳴りもするし食事するのも面倒くさく思ったりする」

年齢の近しい同僚には精神的に危ない人も数人。

「普段は物静かな人なのに酔った勢いで派手な喧嘩をして警察に捕まったとか、新興宗教に嵌まって人格が変わってしまった後輩もいる」

社員の入れ替わりも激しい。村田さんは２０１１年4月の入社で同期は80人だったが既に30人以上が辞めている。

うつ病や不安神経症、女性の場合はまだ20代半ばなのに更年期障害のようになって休職している人もいるが休職できるのは半年が上限。それ以上になると自発的に退職するようにという圧力が掛けられる。

「プログラマー、ＳＥ、ネットワークエンジニアなどの年齢構成を見ると40代以上は極端に少なくなっている。45歳以上で第一線に残っているのは数人だけです」

この現状を見ると、一定の年齢に達したら間引きされるか潰れるかだと思う。

会社は毎年60～90人の大量採用を繰り返しているが、それは辞めていく者が多いという事実の裏返しなのだ。

裁量労働制の罠

裁量労働制の正式名称は専門業務型裁量労働制であり、業務の性質上その遂行方法を大幅に労働者の裁量に委ねる必要があるため、業務の遂行手段や時間配分について具体的な指示が困難なものとして省令で定める業務とされていて、対象業務やみなし時間数など一定の事項に関して労使協定を締結した場合、同協定で定めたみなし時間により労働時間の算定を行うことが認められる制度。

昭和63年の立法当初は対象業務を包括的な定義に留め研究開発、情報システムの分析・設計、取材・編集、デザイナー、プロデューサー・ディレクターの5業務だけだったが現在ではコピーライター、公認会計士、税理士、弁護士、弁理士、不動産鑑定士、建築士、中小企業診断士、システムコンサルタント、インテリアコーディネーター、ゲーム用ソフト開発、証券アナリスト、金融商品開発などに拡大されている。

一見すると自分のペースで働けるのだから悪くない制度だと思いがちだが、実際に裁量労働制で働いている人たちからは「話が違う」という声が聞こえてくる。
「自分の職務を果たしていれば何時に帰ってもいいのが裁量労働制のはずなのに早帰りすると周りの人たちから嫌味を言われることがある」（建築士・44歳）
「残業代が発生しないのをいいことに無理な量の作業をやらされている。仕事量としては制度が導入される前の3割増だが時間外手当がないから労働単価は大幅な下落。どう考えても納得できない」（ゲーム開発・32歳）
「何時に来て何時に帰ってもいいはずが出勤時間を決められている。以前も残業は多かったが土日は休めた。最近は土日のどちらかは必ず出勤し10時間ぐらい働かなければならないほどの業務を押し付けられている」（システム開発・36歳）
「制度が導入されてから体調を悪くする人が頻発している。年に5、6人は過労で倒れるし心臓発作を起こしたり脳出血で亡くなった人もいた。もう少しまともな職場環境を整えてくれないと皆壊れてしまう」（電機研究職・40歳）
「月収としては35万円あるが1日12時間、月25日勤務なので時給に換算するとファストフードのアルバイトと大差ない金額になってしまう。そこそこ勉強し、国家試験にも通ったのにこの金額は納得できるものではない」（税理士法人・31歳）
　こういった怨嗟の声があちこちから聞こえてくる。

また、経営者サイドが制度を都合良く解釈しているということもある。

下請けのソフト制作会社で働いていたAさんは14年3月に経営者から新年度より裁量労働制を適用するから残業代はなしと通告された。当時は制度をよく理解していなかったので仕方ないと思ったが、同僚が調べてみると労使協定が必要で労働基準監督署への届出義務があるということが分かった。

そもそも会社には労働組合も社員会も存在せず裁量労働制を導入することについて具体的な説明や社員から同意を得ることもしていなかった。これはおかしいと気づいた社員有志が撤回を求めたが社長は「うちも苦しいんだ」「甘えるな」と言うだけ。

制度が導入されると業務量が増えたのに時間外手当がなくなるから皆、我先にと退職していって労働力不足から事業停止・自己破産を辿る羽目に。目先の人件費を削りたいために裁量労働制の導入を強行したわけだが、結果は社員に逃げられ経営者は多額の負債を抱えて自己破産し社会的信用を失ったという。

会社からいきなり明日から裁量労働制になりますと言われてもそれは違うし、制度そのものが割増賃金の支払いを不必要とするものであり、賃金面で労働者の不利益となる可能性が高い制度だと理解しておいた方がいいだろう。

フランチャイズ唐揚げ店オーナー

WORK NO.12

氏名／河本義明（43歳）　出身地／東京都武蔵野市　現住所／東京都江戸川区
最終学歴／大学卒　主な職歴／リース会社営業約15年→自営業5年
現在の職業／パートタイマー　収入／月収約10万円　家族構成／妻、長男、次男

うっかりその気になって

「今年の5月末までフランチャイズに加盟して鶏の唐揚げ専門店を営んでいたんです。フランチャイズ契約が終了したので廃業し、職探しをしているのですが現実は厳しいですね。ましてわたしは履歴が汚れているから尚更です」

もう半年近くもハローワークに通い詰めているという河本さんだが表情は冴えない。疲労感が滲んでいる。

「フランチャイズで商売なんて考えなきゃ良かった」「所詮、素人商売なんだからうまくいく確率は低い」「勢いと思い込みで始めたけど惨憺たる有り様だ」。こんなことばかり考えているという。

河本さんは96年に大学を卒業しＯＡ機器、事務機器のリース会社に入社、法人営業を担当していた。

「就職した頃も不景気だったけどそこはそれなりの契約があったので普通のサラリーマン生活ができていました」

潮目が変わったのは例のリーマンショック。

「契約していた事業会社が倒産したり廃業したりで大変だった」

倒産や廃業まで至らなくても営業所や支社を統合するので一部のリース契約は解除ということも多々あり、契約＝売上は日を追うごとに減っていったという。そんなこんなでリストラがあり河本さんは条件の良いうちに退職した方が得だと考え09年末で自ら会社に見切りをつけた。

「サラリーマンはもう嫌だなと思ったんですよね。意地悪で嫌味な上司、無責任で文句ばかりの後輩、傲慢で高飛車な取引先……。サラリーマンをやっていて楽しいことはあまりなかったし、いつかは自分で何か商いをやってみたいという思いもあったので」

昔から食べ物商売に興味があり、やるなら飲食業という計画があった。ただし、初期投資が数百万円必要なものや接客サービスで多くの人手を確保しなければならない店舗営業型はリスクが大きい。そこで選んだのが持ち帰り販売型の鶏の唐揚げ専門店。

「店の大きさは7、8坪あれば始められるし什器や食器、その他の消耗品も少なくてすみます。持ち帰り店ならサービスで多くの人を雇う必要もないわけだし」

初期投資はフランチャイジーへの加盟金、加盟保証金が合計100万円。約8坪の店舗を借りるための保証金が35万円、統一仕様にするための工事費が40万円、他に備品の購入や諸雑費を加えて約200万円だった。

「すべて自己資金で賄いました。借金はしていない。だから助かったんですがね」

店をオープンさせたのは都内でも屈指の大型商店街。人通りは多く、これなら成功すると信じていた。

「フランチャイズ本部の開発担当者も滅多にない一等地だと太鼓判を押してくれた」

河本さんは前のめりになって意気込んでいたが奥さんはいい顔をしなかった。

「大丈夫なの？　失敗したらえらいことだよと言っていましたね。今は妻の方が先見の明があったと反省している」

唐揚げ専門店を始めるにあたって奥さんから言われたのは、借金はしない、駄目ならスパッと撤退する、自分が仕事（デパート契約社員）を辞めて手伝うことはしない、そういう要求もしないなど。

「妻は最後まで小さな会社でいいから再就職してくれと言っていたし、わたしの両親も先行きを危惧していた。だけど、そのときは成功する、きっとうまくいくとしか考えなかったんです」

まさに人生を賭した大勝負だった。

そんなに甘いわけがない

商いをスタートさせたのは10年5月。

「最初の数ヵ月は盛況だったんです。仕込んでいた品物は完売で1日の売上はコンスタントに3万円をクリアできていた」

ところが始めて4ヵ月目の中頃から下火に。どんな商売でもそうだがオープン時は物珍しさがあってそこそこの客数は見込める、問題はリピーターがどれだけいるか。河本さんの店はそのリピーターを獲得できなかった。

「はっきり言うと単価が高かったんですよね。比内地鶏とか大山地鶏を使用して付加価値を謳っていたけど下町の商店街では受け入れてもらえなかった」

河本さんの店の単価は100グラム188円、対して商店街の精肉店やお惣菜店では130円前後。

「駅の反対側には食品スーパーが何軒かあるんですが、そこは土日や平日のサービスタイムでは100グラム98円で売っていた。とても敵わない」

デフレ時代だからお客は価格に敏感だ。うちはブランド地鶏を使用していますと言っても買う方はまず値段。安いものがいいものという庶民感覚とズレていたのだ。

「四人家族の晩ごはんで500グラム買うとするとうちでは950円、ちょっと歩いてスーパーの特売日だったら500円。パック詰めのマカロニサラダを付けても200円近く浮くのだから勝負にならない」

置いてある商品も柚子こしょう味、塩味、たまり醤油味、カレー味の唐揚げとなんこつ揚げだけというのも弱かった。

「好物だって毎日食べてたら飽きるものね」

フラリと来た客に焼き鳥はあるか、弁当はあるかと聞かれるのも度々で商品力に問題があったということだ。

「商店街が栄えているというのはそれだけ競争が激しいということでもあるわけで、どの店も他店の品揃えや値段をリサーチして商売をやっている。ところがフランチャイズ加盟店はすべて本部の指示に従わなければならない。週に1日だけ特売日を設けるとか夕方の買い物時間に少し値引きするとか、こんなことは簡単だけど本部が許さない。勝手にやったら契約違反になる」

契約で10時開店20時閉店と定められているが開店前の準備と閉店後の後片付けを含めると9時から21時まで働くのは当たり前。しかも年中無休となると河本さん1人ですべてやるのは不可能。短時間のパートを雇ったがその人件費も大きな負担だった。

「家族経営で人件費を抑え、季節やお客の要望などに柔軟に対応できる個人商店の方が遙かに上でした」

開業する前は1日の売上2万8000円、30日稼働で月85万円の売上は可能だと言われたが実際はその6割がいいところだった。

「具体的な売上は月50万円といったところです」

ここから食材の仕入れ代金、本部へのロイヤリティー、家賃と水道光熱費を払うと残るのは25万円前後。さらにパートの給料4万円を払うと手元に残るのは約20万円。1ヵ月の労働時間は優に300時間を超えていたから時給単価にすると670円ほど。東京都の最低賃金よりかなり低い。貧乏暇なしそのものだった。

「開業して1年もしないでこりゃ駄目だと悟りましたが辞めたくとも辞められなかった。一契約の期間が5年で契約期間中に廃業して脱退すると数十万円の違約金が発生するんです。だから年季が明けるまでは嫌でも続けるしかなかった」

商売をやっていたらどうやってお客さんを獲得するか、どうすれば売上アップに繋がるかと思案するものだが河本さんは「あと何日で廃業できる」としか考えなかった。

廃業できても茨の道

待望の廃業が叶ったのは15年5月末。しかし、加盟金が戻ってくるわけじゃない。店を借りるときに預けていた保証金は戻ってきたが大部分は原状回復工事の費用で消えた。

「トータルで見ると赤字にはなっていない。借金もこさえなかった。だけど儲けは微々たるものです。ただバタバタしていただけ」

唐揚げ店をやっていた5年間は毎年の申告所得が230万円前後、目論見違いもいいところだった。

「残務整理的な雑用があったので仕事探しは7月に入ってからです。現状は芳しくありませんよ」

ハローワークに求職申込みをしたし人材会社に登録もしたのだが未だ無職状態。

「人材会社の面談ではインストラクターが困りましたねえと頭を抱えていた。商売をやっていた5年間をどう説明しましょうというわけです。はっきり言えば空白期間、印象は良くないと釘を刺されました」

サラリーマンが嫌で会社を辞めました。フランチャイズで商売を始めたけどうまくいかなくて廃業したので仕事を探していますでは売り込みようがないというわけだ。現実に登録して半年になるが求人情報は一件も送ってこない。

「まあ、わたしがどこかの会社で採用担当をしていたら一番に除外する。仕方ない」

ハローワークでは求人があるものの植木職人見習い、左官見習い、ガス工事作業、トラックドライバーなどの現業職が中心。

「少ないながらも不動産営業とか経理事務の募集があるけど『経験者希望』という注釈が付いている。年齢不問でも実際は30歳、35歳という足切りもあるようだし」

河本さんは自営業者なので店を閉じても失業保険はない。今は求職活動兼フリーター。

「午前中はハローワークへ行って午後は倉庫会社で4時間のパート仕事をやっています。化粧品だとか医薬品のピッキングや荷造り、配送車への積込みなどを」

時給は1000円で4時間勤務、月25日出勤すればどうにか10万円の収入になる。奥さんもフルタイムで働いているので生活は何とかなっているが居心地は悪い。

今は炊事、洗濯、掃除などは率先してやっている、トイレ掃除やゴミ出しも厭わない。とにかく妻を怒らせないように腐心しているのだ。

「パート先の倉庫会社は年に一回、パート、アルバイトから正社員を選抜する試験をやっているそうです。一緒のチームで働いている班長もアルバイト社員から昇格した人で、いろいろ聞いたら残業40時間と月2回の休日出勤で月給25万円以上になると言っていた。多くはないけど賞与もあるので年収で330万円ぐらいは見込めるらしい。ハローワークにある求人より格段にいい。自分も昇格試験を受けられるようにしたいですね」

冷静に考えれば5年もブランクがある四十男を世間並みの待遇で中途採用する会社はないだろう。それなら現業職でも頑張って正社員に転換する方が賢明だと思う。

「若いときは職安通いしたり求人情報誌で職探しするなんてロクな奴じゃないと下に見ていたけどそうなっちゃったね」

奥さんの機嫌は日に日に悪くなっていくし両親、兄、姉からは「何やってんだ、しっかりしろ！」と叱責されることもある。

「しくじった人間が偉そうに言うのは憚られるけど脱サラして起業とか経営者になって一国一城の主なんていう甘い言葉を鵜呑みにしちゃ駄目。特に飲食業や食べ物商売は参入するのが簡単だから素人でもうまくいくと錯覚するけど、成功したいのなら実際に働いてみたり経営者の人に内実を教えてもらってよく考えないと。楽してお金儲けができるわけないんだもの」

勤めていたときは嫌なことや腹の立つこともあったが、今となると会社ってのはいいところだったしありがたいところだったと思う。

「昔、『人間、辛抱だ』というCMがあったのを覚えている。あれは金言だね」

高い授業料だった。

オフィスビル清掃員

WORK NO.13

氏名／島村幸男（54歳）　出身地／埼玉県春日部市　現住所／東京都板橋区
最終学歴／大学卒　主な職歴／業務用化粧品販売商社27年
現在の職業／清掃員　収入／月収約25万円、年収約３３０万円　家族構成／妻、長女、長男

再就職したけれど

「前の仕事を失ったのが12年の6月、そのときちょうど50歳でした。50歳過ぎての再就職は容易ではありませんよ。わたしの場合は何とか正社員の仕事に就けたけど仕事そのものにも賃金にも満足感はありません。贅沢を言うなと怒られるかもしれないけど本音です」

清掃サービス会社に再就職して4年目に入ったという島村さん、この4月からは受託現場の責任者に昇進したがその表情は冴えない。

　ハローワーク通いの後、ビル管理・クリーニングの職業訓練を受けて実習の受け入れ先だった今の会社に採用されたのだが、最初の面接の話と違うというのが不満の原因になっている。

「本社の人事、採用担当者と面接したときは、あなたのような若い人は大歓迎しますと言われたし会社の費用負担で資格取得をバックアップするとも言われました。ところが、二度目の面接のときに雇用条件を書面で通知されて、何だ、こりゃ！　と愕然としました。こんなに厳しいのかと思いましたね」

　記されていた基本給は14万7200円、高校新卒の子と大差ない金額で法定労働時間数で割ると1時間単価は920円。

「失業手当の基本日額が6800円だったんです。支給は4週間ごとで28日分だと約19万円、正社員で再就職できても給料は失業手当より4万円以上も低くなる。これはおかしいと思いました」

　それでも賞与あり、社会保険、中小企業退職金共済加入というのは特別な資格やスキルを持たない中高年の再就職では上出来な方。失業手当給付の日数制限が迫っていたこともあり、働かないわけにはいかなかった。

時間外労働80時間でも時給単価は１０５０円

島村さんの現在の配置は新宿副都心のオフィスビル、この現場はとにかく仕事が多い。

「朝イチでやるのが前日の夜間清掃後にパントリーに出された生ゴミ、紙ゴミなどの回収です。これが終わったら段ボール、新聞、雑誌などのリサイクル品の回収と分別。ひと休みしたら建物外周の掃き掃除」

午後からは各階の廊下、エレベーターホール、階段室の掃除機掛けやモップ掛け。そしてトイレ掃除も行う。

「トイレ清掃は今でも嫌ですね。女性用も入口に『只今清掃中です。他のトイレをご利用下さい』という立て看板を出してパートのおばさんたちと一緒に作業するのですが、汚物入れから使用済みの生理用品を回収したときは涙が滲んできましたよ」

これが仕事、これで給料をもらっているんだと思って我慢しているが抵抗感がある。忙しさの本番はこの後。17時30分からテナント、事務所内の清掃が待っている。

「この時間帯だけ来てもらっているパートさんもいるのですが慢性的な人手不足です」

作業はゴミ回収、掃除機掛け、机上拭きの3点セット。集めた大量のゴミを地下の集積所に下ろすのも重労働だ。

「パートさんは2時間労働で契約面積からすると12人必要なんですが7人しかいない。結局、わたしのような共用部分担当の人間が残業してこなすしかありません」

平日の残業は2時間30分をほぼ毎日だから50時間。この他にテナントが休みの日にしかできない床タイルの洗浄とワックス掛け、絨毯のドライクリーニング、8基あるエレベーター内部の清掃を土日に輪番で3、4回。

「先月（6月）は祝日がなかったでしょ、だから平日残業が22日、土曜日2回、日曜日も1回出勤したので時間外労働は79時間もありました。もうヘトヘトだよ」

さすがに労務職にサービス残業はさせないので時間外手当は実労働分払ってくれるが身体は辛い。

「だけど、これで助かっているというのも事実なんですよね」

入社4年目に入った島村さんだが基本給は15万2000円、主任になって監督者手当が3000円出るようになったが時間外手当がなかったら月給は15万5000円だけ。手取りだと12万円程度だ。

時間単価は950円で1日8時間を超える分には25％増し、休日出勤は35％増しという法令通りの時間外手当の総額が約9万6000円。これは大きい。

「80時間近く時間外労働をしてやっと額面25万円、手取り20万円を確保しているんですから」

それでも給与総額を実労働時間で割ると1時間当たりは１０５０円。早朝パートと夜間パートの時給は１１００円なのでそれより低い。正社員なので社会保険があるからいいじゃないかと言われるがちょっと悲しくなる。

「どうにも人繰りができないときは定時で終業する現場から応援に来てもらっているんですが、先月、先々月来てくれた人は、ここは残業があるからいいよと言っていました」

この人が配置されているのは公共施設で勤務時間は8時30分から17時30分まで。時間外勤務はまったくないらしい。

「帰宅したあと食品ミニスーパーで毎日2時間半のアルバイトをやっていると言っていました。そうでもしなけりゃ暮らしていけないとぼやいていたもの」

正社員で働いているのに基準内賃金だけでは生活が成り立たない。これはおかしい。

嫁さんよありがとう

島村さんは正社員なので夏冬には賞与の支給もある。ただし、下請け会社なので金額は年間で25万円ほど。年収はなんとか３３０万円というレベルで生活に余裕はない。長女は社会人になったが長男はまだ大学3年生なので教育費の負担も重たい。だから頼みの綱は妻ということになる。

「家内はずっと専業主婦だったのですが前の会社が廃業して失業したのと同時にパート仕事を見つけてきました。日本郵便の集配局で郵便物や小包などの仕分けと簡単な事務処理をやっているんです」

勤務時間は午後の4時間、休みは週1で働いているという。

「こういう状態なので配偶者控除の枠ギリギリまで働いている。女は強いと思う。本当に感謝していますよ」

妻のパート収入が月約8万5000円、社会人になった長女も毎月3万円を家に入れてくれるので生活はどうにか中流レベルを維持できているが贅沢とは無縁だ。

「家は相続したものでもう築40年のあばら家です。家そのものが傾いてきていて引き戸や襖がよく閉まらないし外壁の所々にひびがあったりモルタルが剥げ落ちているので建て替えようか話していたんです、銀行から借金して。今はそんなことしないで良かったと思っています」

5年前だったら土地を担保に1000万円ぐらいのローンは組めたが今の収入では完済するのは難しい。下手したら住まいを差し押さえられたり自己破産する危険もある。

生活は縮小、縮小、また縮小だ。

「維持費がもったいないので自家用車は処分しました、移動の手段は50CCの原付バイク。もう必要ないからスーツは新調していない」

トイレットペーパーひとつ買うのもドラッグストアを何軒か見て一番安い店で、1パック98円の卵を買うのに行列することもある。散髪は夫婦共1000円カットの店、寿命がきたり不具合が出てきて買い換えた家電はハイアール、サムスンのものだったりジェネリック家電と言われている廉価品だ。倹約疲れを感じることがある。

「格差社会と言われるようになってどれくらいでしょう。以前はそれほど実感がなかったけど今はヒシヒシと感じます」

ボーナスシーズンになると週刊誌や経済情報誌が大手企業のボーナス支給額を載せているが、島村さんが配置されているオフィスビルの大家である不動産会社は30歳で80万円、40歳で130万円という数字が出ていた。

「儲かっているのなら清掃にしろ警備にしろ業務委託費をもう少し増やしてもいいんじゃないの。オーナー会社は下請けや協力会社があって成り立っているんだから」

我慢して3年働いてきた島村さんだが本音は「こんな仕事は辞めたい」。業務内容、処遇の低さは勿論だが身体が持たないというのが一番の理由だ。

「この年度末は19日連続で出勤ということがあって、デスクワークじゃないでしょ、肉体労働だから疲れがひどい。廊下の掃除機掛けをしていたときに鼻血が出て30分ぐらい止まらなかった。同年代の人の過労死は他人事じゃありませんよ」

一緒に働いている人には大量の古新聞を回収していたときにギックリ腰になった人、上腕やふくらはぎにサポーターをつけて痛みを誤魔化している人がいる。島村さんも生あくびが続いたり立ち眩みを起こしかけたことが何度かあって慢性的な疲れを感じている。

「わたしは会社廃業ということで失業したわけですが、失業して分かったのは、学校を卒業してそこそこの会社に就職できたらずっと働き続けるのが一番安全だということ。キャリアアップとかニュービジネスにチャレンジなんてお伽話ですよ。短気を起こして辞めたり、もっと面白い仕事をしてみたいと転職するのは良くないね。こんなのは大きなお世話かな」

ひと握りのエリートと特別な専門的職種に就いている人以外は生かさず殺さず。再チャレンジできる社会とか1億総活躍社会と聞こえは良いがそれは嘘だと思う。

【著者自らが体験】

年末年始の短期アルバイト

WORK NO.14

時給1000円の職場から

人手不足なのだそうだ。経済情報誌や新聞各紙を読むと「トヨタでさえ足りない」「時給1500円でも集まらない」「営業短縮や店舗の閉鎖・企業が悲鳴」「採用難あえぐ中小」といったタイトルの特集・記事をよく見るようになった。

リーマンショック後の2年ぐらいはペラペラの薄さだった求人情報誌も厚みを増しているし、パート、アルバイトの時給も上昇しているという。

そんななか、15年12月27日から明けて16年1月3日までの期間、「急募」「履歴書不要・即決」「うれしい特典付き」という文言で募集している短期アルバイトをやってみた。

こういった短期間の仕事を比較的簡単に得るには求人広告をよく読み、雇う側がどういう人間を欲しているのかを見極めることが大事だ。雇用のミスマッチは正社員に限ったことではないのだ。

募集広告で「20代、30代の女性が活躍しています」となっていたら若い女性に来てほしいと思っているわけで、そういうところに50歳過ぎのオヤジが応募したって相手にされない。「元気な仲間が待っています」というのは体力勝負の職場で、これもオジサン、オバサンはお断りという裏メッセージなのだ。

というわけでチョイスしたのが「中高年の方歓迎」「どなたにでもできる軽作業」。そして時給は1000円という首都圏ではごく普通のところ。1つは害虫駆除・消毒作業でもう1つは食品工場の製造作業。

どちらも新聞折り込みの求人広告集に載っていたもので、電話連絡してみたら面接するので至急来られたしという返事。給料の支払が1月なのでマイナンバーの通知カードと写真付きの身分証明書を持ってこいという。

電話した当日の夕方に害虫駆除・消毒会社、翌日の昼過ぎに食品工場に出向いて面接。生い立ちやこれまでの職歴などは何も聞かれず、半分は世間話みたいなもの。

両社とも面接時間は10分足らず。その場で「じゃあ、お願いします」と採用決定。

労働条件はというと、害虫駆除は8時から20時までの間で8時間労働。出張先によって開始、終了時刻がずれるということだった。時給は1000円で交通費は1出勤につき一律３００円支給。12月27日から30日までの約束。

　食品工場の方は12月31日、１月２日、３日の３勤務。いずれも13時から22時までの9時間拘束、８時間労働。こちらは日給制で日当８０００円、時給に換算したらやはり１０００円。ただし交通費はなし、交通費は日給に含むということだ。代わりに食事が支給されるということなので チャラか。

　特別な資格、免許、スキルを要求されない労務型の短期アルバイトならこれが世間相場だろう。良くはないが悪いということでもない。

1日目（12月27日・日曜日）

　前日の昼頃に電話連絡があり集合は9時、上野駅近くの営業所へ出勤。控室で作業着に着替えて裏の駐車場で待機。すでに3人がいて、いずれも年配の男性。4、5分して30代後半ぐらいの男性2名が登場。この2人は正社員のようで今日の予定をひと通り説明。ワゴン車に機材、薬剤を積んで出発。

　現場は内幸町の大型オフィスビル。今日は終日、ここのテナント内部、トイレ、廊下などに殺虫剤を散布していくということだ。

地下3階のだだっ広い物置部屋のようなスペースが工事などでやってくる外部業者用の共同作業場として開放されており、この日は内装工事関係の人たちが半分使用していた。

まずは噴霧器に薬剤を投入。噴霧器は家庭用掃除機くらいの大きさで、これにポリタンクから灯油ポンプで殺虫剤を入れていく。噴霧器は肩掛けのポータブル式でタンクの下部からは直径1センチぐらいの黄色のホースが80センチぐらい繋がっていて、その先はL字型のノズルがジョイントされている。

手押し式のポンプを7、8回シュポシュポし、ノズルの指掛けレバーを引くと霧状になった殺虫剤が5分ぐらい噴霧されるという仕組みだ。

まずは貨物用エレベーターで最上階の25階へ。日並びの関係で今年は25日の金曜日で仕事納めになった会社がほとんど。リース会社に入室したが、ここも26日から明けて3日まで年末年始休業しますという貼り紙が正面玄関に貼ってあった。

無人のオフィスに入るのだから当然、警備員も一緒。滑り止め付きのゴム手袋、防護マスク、ゴーグルを装着して作業開始。

部屋全体に散布するというのではなく壁際、応接セットの下、デスクの足周り、給茶機や冷蔵庫の周辺、キャビネット、ロッカーの後ろ側。こういうところだけに散布していくので作業は楽なもの。薬剤もほぼ無臭なので気分が悪くなるようなこともない。

約1時間でリース会社、法律事務所、パントリー、トイレを仕上げる。

作業時間の目安は1フロア1時間だが、空き部屋があったりテナントが入っていても作業なしというところもあるので13時30分までに5フロア完了。

14時30分まで休憩ということになり、外に出て食事できるところを探したが定食屋やラーメン屋は皆無。コンビニも見当たらない。仕方ないので新橋駅まで歩き、ニュー新橋ビルの中の喫茶店でピラフセットを注文。海老ピラフとグリーンサラダ、コーンスープで900円也、ちょっと高いな。

休憩後は20階から16階までの5フロアを同じ要領でこなす。IT企業、鉄鋼会社、海運会社、建築設計事務所などの室内に入ったが、普段は絶対に入れないところなのでこれはこれで面白い。

作業が終了したのは16時30分。すぐさま営業所に帰り、私服に着替えて終業だ。本来なら18時まで拘束されるはずが17時20分で「ご苦労さまでした」と退社が許される。

賃金は1月6日に指定口座に振り込むという話だったので届出用紙にゆうちょ銀行の口座番号を記入。署名、押印して女性の事務員さんに提出。

2日目（12月28日・月曜日）

集合時間、作業現場は前日と同じだが人員が2人増え8人に。何に使うのか不明なのだが大量の古新聞紙を持参する。一般家庭だったら3ヵ月分くらいの量だ。

入ったのは非鉄金属の上場企業。この会社は11階と12階をすべて一社で使っている。さすがに大手は違うな。ここは床面に殺虫剤を散布するのではなく部屋全体に燻煙殺虫剤を焚くということで、古新聞はデスク、パソコンやプリンター、コピー機、オフィス家具などの養生に使うわけなのだ。

二手に別れてデスクやOA機器はもとより、あるものすべてに新聞紙を被せたり張り付けたり。これがたっぷり1時間。

使用する燻煙剤はドラッグストアで売っているバ◯サン。いちばん大きいやつで20〜24畳用。営業部、営業企画部は500平方メートルぐらいあるので14個。他の部屋も8〜10個をバランスよく並べる。

これが終わるとビルの施設管理の人が火災報知機を一時遮断。薬剤容器の下に水を入れると煙が出てくる。同様の作業を上のフロアでもやって午前中の作業は終了。殺虫効果をより増すために3時間ほどはそのままにしておくそうだ。

今日もまた新橋駅まで出るかと思っていると一緒に作業した人から「お昼はどうするん

ですか?」と声を掛けられた。2人増えたうちの1人で40代後半ぐらいの人。「ここら辺りは高い店ばかりだからな」と愚痴ると大通りの向こう側のビルの地下にコンビニが入っているということで一緒することに。

プラプラ歩きながら「もう長いことやっているんですか?」と尋ねてみたら、半年ほど前から月に3、4回土日に出ているということだ。この年末は更に今日、明日、明後日と3日間の出勤を要請されたという。

ダブルワークで働いているのだろうが、仮に今月は7回出勤するとして5万6000円の収入だ。これは大きい。アベノミクスで景気が回復したとか収入が増えたという実感があるという人はそんなにいない。むしろ物価上昇で生活が大変だという人が多いはず。世の中というのは常に不公平なんだな。

休憩後は15時まで前日と同じ作業。小部屋が多く、入口ドアに記されている社名だけでは何をやっている会社なのか分からないところばかりだった。それでもこんな一等地にオフィスを構えているのだから儲かっているんだろうな。

10分ほどの小休憩のあと業務用の掃除機4台とポリバケツ3個、数本の古タオルを持参して燻煙殺虫剤を焚いた部屋の後片付けに取り掛かる。養生に使った新聞紙を回収し4人が掃除機掛けを、自分を含めた4人はデスクや作業用テーブル、応接セットなどを固絞りしたタオルで拭いていく。この作業は1フロア1時間、2フロアなので2時間掛かった。回収した新聞紙と使用済みになった燻煙殺虫剤のケースはビル地下のゴミ集積所へ、これで今日の予定は終了。営業所へ戻ったのは17時40分頃、さっさと着替えて退社。

3日目（12月29日・火曜日）

集合時間が30分繰り上がって8時30分に。今日は責任者が交代していて50代半ばくらいの人がリーダー。総員5人で向かったのは大手町駅近くの小型ビル。

完全に年末年始休業に入っているので界隈は静かなもの、人も通る車もまばらだ。仕事は初日にやった噴霧作業。テナント室内には入らず廊下、エレベーターホール、トイレ、パントリーのみ。地下1階から9階までやっても1時間も掛からなかった。

ワゴン車で移動したのは虎ノ門。やはり小型のビルでここも1時間弱で終了。一度営業所に戻る。

営業所近くの弁当屋で買った焼き鳥丼が昼食。営業所の奥の雑用室が休憩所代わりになっているが食事中もその後も会話はまったくない。スマホ、携帯をいじっているかスポーツ新聞を読んでいるか、さもなくば腕を組んでうたた寝しているか。

日雇い派遣や日払いアルバイトの現場には何回か入ったことがあるが、どこも休憩時間はこんな感じだった。どうせ4、5日働くだけ、契約が終わったらもう二度と会うこともないのだから親しくなろうとは思わないし、この人はどんな人なのかなという興味も湧かない。そういうことだ。毎度のことだがこういう雰囲気は嫌だな。しかし、こういう無味乾燥な空気感が短期労働の姿だと言えなくもない。

13時30分頃まで休憩して再出発。赤坂、青山、六本木の雑居ビルで噴霧作業。7ヶ所巡回して営業所に戻ったのは17時ちょうど、私服に着替えたら順次退社。

昼休みは1時間半もあったし移動に要した時間も合計すると2時間ぐらいになる。実際に働いていたのは5時間程度なので楽なことは楽だ。日当は８０００円だが実質的な労働時間5時間で割ると時給１６００円か……。悪くないのかな。

4日目（12月30日・水曜日）

起き抜けにテレビを点けたら年末のお買い物情報だとか帰省ラッシュに伴う高速道路の渋滞予想などを取り上げていた。いつもは満員の京浜東北線もガラガラで余裕で座って出勤。

今日は集合が9時、午前中の現場は病院。民間の医療法人が経営しているところだが内科、糖尿病科、循環器科、眼科、皮膚科、外科が揃っているかなり大きな病院。入口には今日から外来診察は休診というお知らせが。

ここの受付、会計前、事務の人がいるカウンターの内側、待合室代わりになっている廊下、スタッフ用の更衣室から診察室、処置室、各検査室の消毒が仕事。散布するのは殺虫剤ではなく消毒液。アルコール系ではないようで家の救急箱に入っている外傷用消毒液のような匂いがした。

3階から5階までは病室になっているが入ったのは空いている部屋と廊下、ナースステーション、物品庫だけ。11時少し回った頃に終了。

用具をワゴン車に載せて移動したのは丸の内、国際フォーラム近くのオフィスビル。車は地下の駐車場に停めて1時間の休憩に入る。このビルにはコンビニが入っているので昼食は皆そこで調達、若い人は焼き肉弁当やミックスフライ弁当などのガッツリ系だがこっちは病院で使った消毒液の匂いが鼻に残っていて食欲なし。ハム玉子サンドと野菜ジュースだけで十分だった。

相変わらず会話らしい会話はなく、耳に入ってくるのはカーラジオのニュースのみ。

13時からはビル地下1階の東側エリアにある数軒の飲食店での殺虫剤散布作業。どの店も昨日で営業を終えているので管理室の人に開扉してもらい警備員立ち会いでの作業。

寿司割烹店、熊本郷土料理店、喫茶店など7店舗に入った。ここでは殺虫剤を散布したあと、それぞれの調理場や食材庫の脇にネズミ捕りをセット。作業責任者に「出るんですか？」と聞いたら、こういうところのネズミは栄養がいいから子猫ぐらいでかいのが入っていることがあると言っていた。罠にかかったネズミは熱湯をかけて止めを刺すと教えられてドン引き。

15時30分頃からはシャッターの閉まった銀行に入る。ロビー、普通だったら絶対に入れないカウンターの内側やＡＴＭの裏側、2階にある行員専用の食堂と間仕切りされたいくつかの小部屋、更衣室などに殺虫剤を散布して約40分で終了。これで4日間の労働契約は完了したことになる。

営業所に戻り、着替えを終えて控室を出ると所長と呼ばれている人から手招きされた。4月末から5月初めの連休期間も来てくれないかという。こういう仕事は作業先の社員さんが出勤してこない連休期間中やお盆休み、今回のような年末年始休業の期間がもっとも忙しいということだった。

営業所を出るとき、今日一緒だった4人に「お世話になりました、お先させてもらいます」と声を掛けたのだが「どうも」と会釈を返してくれた人は1人だけ。あとの3人はブスっとしたままで無視された。短期アルバイトの現場なんてこんなところだ。

5日目（12月31日・木曜日）

勤務時間は13時から22時ということだったが出勤は12時30分厳守。頭まですっぽり入る作業用の白いつなぎ、ゴム手袋、マスク、白い長靴という格好に変身。着替えてから工場に入るまでに手洗い、長靴裏の消毒、ローラーでの埃取りで約10分。

ペア割りされてそれぞれの工程に配置され、そこで作業手順の説明を受けたが口頭で1回きり。マニュアルもない。

置かれたのはフライヤーという揚げ物を作るレーンの投入係。揚げ油の中に金属製の網がセットされていて自動で先に流れてゆき、向こう側の人が揚げ上がったものをバットに並べていくようになっている。

開始から2時間はひたすらカチカチに凍ったポテトコロッケを投入。落ちて黒こげになったパン粉くずを取った後はイカの天ぷら、小海老のかき揚げを投入。ときどきパンパンという音とともに油跳ねがあってデンジャラス。

「こりゃ意外と楽じゃねえか」と思っていたが同じ場所でずっと立っての作業というのは

結構辛いものがある。前半の4時間で足首と踵に嫌な感じが出てきた。

休憩は17時から18時までの1時間。渡り廊下で繋がっている食堂で少し早めの晩御飯。食事支給となっていたが、ご飯だけは炊いたものでおかず類は商品にできないものをバイキング方式にバットや大皿に盛ってあるというスタイル。玉子焼きの切れ端、身崩れした焼き魚、火が通り過ぎて固くなったフライドチキン、パンクして衣が半分剥げたフライ類など。はっきり言って見た目は良くない。

フライヤーの反対側で同じ作業をしていた人と一緒だったが、この人「こりゃ餌みたいだね」と一言。うまいことを言うな。

お皿に盛ったのはサンマの塩焼きと春巻き2本、玉子焼きを3切れ。ご飯は丼に八分目ほど。そこいらの食堂で同じものを注文したら800円ぐらいだろうから見た目が少々悪くても文句は言えない。

短期アルバイト組は例によってほぼ無言だが2列先のテーブルに着いている数人もほとんど会話をしていない。この人たちは社員なのか古手のパート、アルバイトなのか定かではないが手順の説明や用具、機具の使い方を指導した人たち。相当疲れているような感じがする。

どの人も中高年世代で、言っちゃ悪いがしょぼくれた感じ。男性陣には俳優の温水洋一みたいな人やアンガールズの田中卓志に似た人が。女性陣はどの人もよく肥えている。

　休憩後の仕事も揚げ物の投入。鯵フライ、白身魚のフライ、ササミチーズカツなど6品種。個数にして1200個以上をひたすら揚げ油に投入した。終了したのは21時55分。

　ここの賃金も銀行振込ということで、振込依頼用紙を渡され次の出勤日に必要事項を記入して持ってこいということだった。

　着替えて通用口を出たのが22時17分。初めてやったことだからか時間が過ぎるのがえらく遅かった。身体にも精神的にも堪えた。

6日目（1月2日・土曜日）

　とりあえず丸1日完全休養したので疲れは取れた。出勤したのは12時20分。出勤簿に判を押して更衣室に入ると一昨日にペアを組んだ人も来ていた。向こうから「どうも」と会釈をくれたのでこちらもきちんとご挨拶。

　この人、つまらなそうだったのでひょっとしたらもう出てこないかと思っていた。冗談っぽく言ったら「そうもいかないからさ」と苦笑い。

　前半の仕事はお弁当のおかず詰め。ラインの川上からご飯、揚げ物2個、ポテトサラダと盛り付けてきた弁当の最後にしば漬けの細切れひと摘まみ入れるのが自分の役目。楽なことは楽なのだが切れ間なく流れてくる弁当に両手で漬物を入れていく様はロボットになったみたいな感覚に襲われる。

人間、簡単すぎる仕事は飽きるしつまらない、だから面白くない。そういうことだ。揚げ物詰め担当が何回かラインのステンレス板に品物を落とすが拾ってそのまま盛り付けたりしていた。床面に落ちたものじゃないからいいのだろう。まっ、俺が食べるわけじゃないからどうでもいい。

休憩時間は出勤時に挨拶を交わした人と一緒に食事。当たり障りのない話をしたがこの人は現在求職中で前職は陸送関係のようだった。もう身体が持たなくて辞めたということなのでトラックかバスのドライバーだったのだろう。

「今年は年男なのに見通しは暗い」とぼやくことしきり。30代には見えないから年齢は47歳、今年中に48歳になるということか。

食堂の奥は長椅子、パイプ椅子が置かれた休憩スペースになっていたのだが壁にスタッフ募集の貼り紙があった。在職者にパート、アルバイトで働いてくれる人を紹介してくれというもので、紹介して入社した人が3ヵ月後も就労していたら紹介者に5000円の手当を出すとなっていた。ただし外国人は不可。

よほど人手不足なのだろうがこういう面白味のない仕事をやりたいという日本人、しかも若い人はそうそういないだろう。

後半は別のラインに回され、発泡トレーに詰められた小パックのお惣菜を配送用の通函《つうかん》に入れる作業。五十肩には辛い。

初日同様に終了5分前まで目一杯働かされた。短期アルバイト組はもとより社員さんたちも終業する頃には顔つきが変わっている。

7日目（1月3日・日曜日）

少し早めに出勤。作業着に着替え丸椅子に座って後から出勤してきた何人かに「おはようございます」「どうも」と声を掛けてみたがほとんど反応がない。軽く無視された感じでいい気分ではない。

こういう言い方は誤解されるかもしれないが労務作業職の現場にはこういう感じの人が多いのは事実だ。他人との接触が苦手、人に合わせられない、相対している人が何を要求しているのかや何を考えているのかを察するのが不得手なのだろう。話が面白くて機転が利いて社交性が高い人は時として現業職で働いている人に対して「何であんな単純労働をやってるんだ」と下に見ることがあるがそれは違う。「こういうところしか入っていけない」「ここが居心地がいい」ということもあるんだよ。人それぞれなのだから自分の物差しで人を判断しないことだ。

前半4時間の仕事はフライヤー担当でミニメンチ、ひと口ヒレカツ、イカのリングフライなどを揚げ油に投入。揚げ物のレーンは3本あるがどれもフル稼働。煮物、焼き物、おにぎりなどを含めるとこの工場でどれだけの食べ物が生産されているのだろうか。

17時から休憩、今日の食事はサバの竜田揚げ4切れ、シュウマイ2個、スパゲティーサラダ。まあまあ美味しいが油で調理しているものが多いのでそれほど食べられない。だけど雰囲気はどこの会社にもある社員食堂という感じで悪くはない。

後半は雑用的な仕事に終始。最初は製品を搬送するときに使う通函の洗浄。スポンジに中性洗剤を含ませてゴシゴシ、しつこい汚れは小さなタワシでこすっていく。一緒になったお兄ちゃんが「これ、ダルいっすね」とブータレ。

1時間で30個ほどやって終わりかなと思っていたら「これもな」とまた30個ぐらい持ってくる。3人でやったから200個近い数だ。2時間やらされ指と腕がパンパン。

その後は7人で工場の外にある倉庫へ移動。大型トラックで運ばれてきた大量の冷凍惣菜、冷凍野菜、お米、一斗缶に入った食用油などを品物ごとに台車に積み込むのが仕事。

満載になった台車は別の人が押して冷凍庫や冷蔵庫に運んでいく。どれも業務用なので箱ひとつ、缶ひとつがとても重たい。食用油が18リットル入った一斗缶を40個も上げ下げしたら肩、腕、膝、腰が堪らない。想像していたより楽だと思っていたが最後はきつかった。

終業して更衣室に帰る途中の廊下に会社の掲示板があり、従業員への連絡事項や安全週間に関する文書に混じって『契約社員募集のお知らせ』が。パート、アルバイトで働いている人で希望する場合は総務課に申し出てくれと記されていた。

画鋲でとめられている案内書は所々日焼けしていたり汚れていたから、かなり前に貼り出されたものなのだろう。

募集しているのはこの工場での製造作業員で1年ごとの契約、年齢は58歳まで。雇用条件はというと、勤務時間は6時から22時までの間で二部交代制。賃金は月給16万8０００円で賞与は年間2ヵ月、交通費は月９３００円まで支給、社会保険加入。休日は会社カレンダーによるとなっていた。

こういう仕事は時間外労働が無茶苦茶多いか、完全交代制でまったく無いか極端なことが多い。仮に時間外労働が50時間あれば月収約25万円、賞与込みの年収で何とか３３０万円ぐらいになるが時間外労働はほとんどありませんとなると年収は２４０万円弱。どっちにしても厳しいな。

帰り支度のために更衣室に入ると先に着替えた初日にコンビを組んだ人とすれ違う。「やっと終わりましたね」と言うと「もう二度とやりたくないですよね」と苦笑い。「じゃあ、あたしゃこれで」と軽く会釈した彼に「お疲れさまでした」と一言。今日、会話らしい会話をしたのはこの短いやり取りだけだった。

年末年始の短期バイトを終えて

今のご時世、大晦日だろうが正月だろうがデパートやコンビニは普通に営業しているし交通関係、インフラ関係、医療関係に従事している人たちもローテーションで職務に励んでいる。だから年末年始に働くのが嫌だというわけではないが満足感や充実感はまったくない。

なぜかというと、やった仕事が誰かじゃなきゃならない、あなたに来てもらわなければ困りますというものではなく誰でもいいからとにかく来てくれというものだからだ。この期間だけ仕事が集中しているからとか、帰省その他で休んだ人の穴埋めで集めただけだからだ。短期雇用だから教育やトレーニングは施さないし数日でいなくなるアルバイトなんてコミュニケーションも取らない。そもそも短期アルバイトでやる仕事は誰でもできる箇単な作業だから猫の手よりましという考えなのだろう。

やっている方も本音では年末年始ぐらいはゆっくり休みたいと思っていても金銭的事情が許さない。仕方なくという意識があるから雰囲気も良くない。言っちゃ悪いがこんな澱んだ感じだった。

職業に貴賤なしというのはその通りだと思うが、その実、やっぱり上下はあるんじゃないか。その仕事に就くために必要な教育レベルや専門知識、国家資格や検定資格が必要なものと、知識や技能を求められない仕事では違うだろう。多くの人がやってみたい、面白そうだなと思う仕事と、こういうことはやりたくないという仕事の違いははっきりある。もっと露骨に言えば賃金によってその仕事の価値がランク付けされているじゃないか。

「1日のうちの8時間、9時間を売ってお金に換えているだけ」「仕事なんて何をやっても同じ」と言う人もいるが、それは違うと実感した7日間であった。

日々紹介の労働者

WORK NO.15

氏名／菊池智裕（38歳）　出身地／長野県諏訪市　現住所／東京都台東区
最終学歴／高校卒　主な職歴／板金加工工場・正社員約10年→製造業派遣約3年
現在の職業／日々紹介の作業職　収入／日給7200～7500円程度　家族構成／独身

殺伐とした異空間

「おい、俺のプリンがねえじゃねえか！」

共同の冷蔵庫をゴソゴソやっていた男がロビーでたむろしている数人を睨みつけた。

「知らねえよ。お前の菓子なんか」

ゴマ塩頭の中年男が面倒くさそうに言い返す。

「何だ、このくそじじい」

「こら！　もういっぺん言ってみろ」

一触即発になりかけたところでスポーツ新聞を読んでいたドレッドヘアーの男が「てめえらうるせえんだ、外でやれよ。バーカ、脳味噌腐ってんじぇねえのか」と怒鳴り声を撒き散らす。こんなことは日常茶飯事だ。

そろそろ小競り合いになるかというところで菊池さんは無言でその場を離れ、自分の部屋に戻っていった。

ここはJR某駅近くにあるゲストハウス。菊池さんはここで寝泊まりするようになってそろそろ2年になる。

ハウスと名乗っているが建物はボロい5階建てのビル。見た目はどこにでもある雑居ビルだが中は細かく仕切って部屋のような体裁を整えている。その数40室あまり。

「元々は長野の人間なんですがいろいろあって地元での仕事を辞めました。その後は自動車、自動車関連、精密機器、印刷、食品加工などの工場で期間工をやったり派遣工をやったりしてあちこち移動していたんです」

東京に来たのは11年7月。その直前までは茨城の建材加工工場で派遣工をやっていたが震災の影響で操業が停止されたため雇い止めになった。

「派遣会社の紹介でこっちの仕事にありつけたので上京して薬品工場で働いていたんだけ

どまた雇い止め。それからは日雇い派遣（現在は日々紹介）で食っているんだよ」

　このゲストハウスは不動産屋の紹介で入居した。薬品工場で派遣工をやっていたときは派遣会社の寮で暮らしていたが辞めるとなると出ていかなくてはならない。

「不動産屋に行ったけどそのときは無職状態だから家賃保証はできないって言われてね。保証人になってくれる人もいなかった」

　困った顔になったら不動産屋のおやじがこう囁いた。「いい物件があるよ」と。それがこのゲストハウスだ。

「保証人不要、敷金礼金なし。住民票の届出も可能だし郵便物の受け取りもできる。助かったよ」

　ただし、当たり前だが環境は良くはない。部屋といっても20坪ぐらいのワンフロアをオフィス建材で8つに区切っているだけ。隣室との仕切りは薄い合板1枚だけ、窓はあって外光は入ってくるが開けるのは禁止。

　部屋の広さは5畳ぐらいあるが押入れ、クローゼットはなし。鍵付きだがハンマーでひと叩きしたら簡単に外せるような粗末なドア。これで使用料は月5万円。

「周辺の不動産屋を覗いたら6畳のワンルーム、ユニットバス付きで家賃は6万円前後でしたからかなり割高だと思う」

どう考えても快適とは言えないところだが現在はほぼ満室だという。

「個室でも共用スペースでも基本的に無言です。携帯電話をいじっているかワンセグのテレビをイヤホン付けて見ているか。個人的なことには立ち入らないのがルール」

揉め事はしょっちゅうで特に多いのが食料の盗難。飲み物にしろ冷凍食品にしろ、袋に名前を書いて冷蔵庫に入れておくのだが勝手に人の物を盗み食いする人間が多い。

「どいつもこいつもだらしないよ。台所とかシャワー室とか共用スペースはいつも汚い。洗面所で洗濯する奴がいるので床がベチャベチャに濡れていることがあるし、台所のガスコンロを使ったときも油が飛んだり煮こぼれがあっても雑巾掛けしないで知らん顔している。まともな家庭で育ったんじゃないだろうね」

やっぱりこういうところに来るのはガラクタみたいなのばかりだと思う。

こうなったのは自己責任

「自分は高校を出て郷里の板金加工会社で働いていました。地味に暮らしていたんですがひょんなことから競馬にのめり込んじゃって。それで失敗したわけです」

会社の先輩にしつこく誘われ仕方なく買った馬券が大当たり。1000円が7万円に化けたから驚きだった。これで一気に競馬好きに転じてしまったそうだ。

「最初の頃は小遣いの範囲内で５００円、１０００円程度の馬券をたまに買うぐらいだったけど、たまに大きな配当の馬券を的中させたりするから次第に賭け金が大きくなってしまいました」

ことに馬券は買わなくても自分が予想した組み合わせが当たって、その配当が40倍とか50倍だったなんてことになると大損した気になってくる。

「それまで2万円近く負けていたのに最終レースで買った馬券が5万円になったこともあって。そうすると今日は赤字だったけど来週は取り返そうってなって。土日はラジオを聞きながら府中や中山でやっているレースの馬券を購入するようになってしまった」

当時の給料は手取りで15万円ぐらい。実家住まいで食住に不自由することはない。家に3万円入れていたが残りの大半は馬券購入に費やしてしまった。

「こんなことやっていたらパンクするのは当たり前だよね。お決まりのように借金するようになった。クレジットカードのキャッシング枠が20万円あったんですが、それがローンじゃなくて貯金みたいな感じになっちゃった。20万円は遣っていいんだというように」

これでも足りずに消費者金融に行くこともしばしば。無人契約機があるから誰にも顔を見られずに借りられる。借金しているという感覚も薄かった。

「最初に借りたのは10万円だったんですがずるずると深みに嵌まってしまった」

借金というのは50万円ぐらいまではビクビクしているが、金額が膨れていくとわけが分からなくなるものなのだ。

「最終的には150万円超えちゃいましたね。当時は金利が高かったから利息だけで月3万円以上。完済するには180万円以上だから我に返って愕然とした」

競馬からは手を引けたが借金が帳消しになるわけじゃない。利息の支払いが1回できなかっただけで途端に取り立てが始まり、実家には督促状が送られてくるし勤め先にも頻繁に「金返せ」と電話が掛かってきた。

「貯金なんてほとんどなかった。会社にも借金漬けになっていることが知れていろいろ言われているみたいだったんだ。だから辞めて退職金で30万円は返済した。残りは親と兄貴が肩代わりしてくれたけど実家にも居辛くなりました」

地元で次の仕事を探したが不景気で再就職はままならない。その一方で有期の期間工は大量募集をしていたので自動車工場を皮切りにあちこちの生産現場を非正規で渡り歩くようになった。

「肩代わりしてもらったものは少しずつ返済していたんですよ。ところが派遣切りとか震災後の不景気で収入が減ったものでまだ半分も返していない」

母親が乳ガンを患い兄から入院費や化学療法に必要な医療費の分担を求められたがそれもできなかった。

「あれだけ迷惑掛けたのに親の医療費も出さないのかって怒ってた。こんなわけでもう3年近くも連絡していません。絶縁状態なんだ」

菊池さんはこういった事情を抱えているわけだが、ゲストハウスで暮らす他の住人たちも様々な理由を抱えているようだ。

「人のことには立ち入らないようにしているんですが断片的なことを話す人もいて。家賃が払えずアパートを追い出されたフリーターとか日雇い派遣やクビになった派遣工も何人かいるみたいだね」

つい2ヵ月前には警察が踏み込んできて40歳ぐらいの冴えない男を連行していった。どうやら振り込め詐欺の出し子をやっていたらしい。

「テレビのドキュメント番組でどこかのゲストハウスを取り上げていたんだけど、上京して起業を目指している若者がいるとか、タレントや声優を目標に頑張っている若者がいて賑やかな生活をしているなんて構成だったんだ。嘘だと思ったね。ここでそんな元気な奴は見たことない」

不法滞在の中国人、ヤクザ崩れの年寄り、日雇い労働者、夫の暴力から逃げてきた女性……。みんな目が死んでいる。吹き溜まりみたいなところだ。

その日暮らしから抜け出せない

菊池さんの現在の仕事は日々紹介で斡旋される労務職。3つの人材会社に登録していて携帯電話にメールで送られてくる仕事を吟味してその日働くところを選んでいる。

「40歳近くになると肉体労働ばっかりだよ。アルバイト感覚で来ている学生には見本市の案内とか役所のアンケート調査、女の子だとビールやタバコのキャンペーンガールのような楽しくてさほどきつくない仕事が回されるみたいだけど、30歳過ぎたら男も女も作業現場しか行き場がない。冷凍食品の工場とか引越し作業とか」

この2週間の菊池さんの派遣先はリサイクル工場。ここで解体作業をやっている。

「粗大ゴミで回収されたり量販店で引き取った旧品の処分です」

冷蔵庫や洗濯機、エアコンなどを分解し鉄、アルミ、銅線、ガラス、プラスチックなど再生資源になるものを取り出すのが仕事だ。

「あとは建築現場ですね。雑用みたいなもので石膏ボードを運んだり断熱材を吹きつけるときにホースを操作したり。どこの建築現場でも廃材運搬は日雇いの仕事だよ」

日当はどこでどんな仕事をしても8時間労働で7200～7500円。休みは週1日で働いても月収は多くて18万円が限度だ。実際には仕事の紹介が途切れることがあるから15万円稼げればいい方。

菊池さんはゲストハウスに住民登録しているし携帯電話も持っているので正社員を目指して就職活動をしてはどうかと思うが、事はそう簡単なことではない。

ハローワークに行ったり紹介状をもらって面接に出向いたらその日の仕事は休み。有給休暇なんてないから収入はゼロになる。採用されるか分からないのに仕事を休むのは二の足を踏んでしまう。

「こっちは面接してもらう方だろ。この日のこの時間に来てくださいとなって派遣会社に休みたいと言っても、ふざけるなで終わりなんです。去年の8月に夏風邪で扁桃腺を腫らしてしまって3日休んだらペナルティーだって1週間自宅待機させられました。お得意様の会社に迷惑を掛けたからという理屈だった。日雇いの仕事なんてこんな扱いなんですよ。自分の都合や事情は通用しないんだ」

春の連休、夏休み期間、年末年始は仕事の紹介がまったくなくなるので月収が10万円ギリギリということにもなる。こういうことに備えて稼げるときに稼げるだけ稼ぐようにしているので定職探しどころではないのだ。これが日銭仕事の怖いところだ。

「こういうところで生活しているというのもハンディになるでしょ。4ヵ月ぐらい前に身元調査みたいなのが来ていたと噂になったもの」

知らない人はまったく知らないが知っている人はゲストハウスや簡易旅館がどんなところか知っている。採用候補になっていても親元で暮らしている人、普通にアパートを借りて暮らしている人とゲストハウス暮らしを比べたら「この人は大丈夫なのか？」と躊躇するのは無理もない。

「できるだけ早く自分でアパートを借りてこんなところは出ていきたいんです。だけど資金がねえ……。なかなか貯められないんだ」

倹約して自立する資金を作っていても思わぬ出費で蓄えが減ることがある。菊池さんの場合は医療費で計画が頓挫したことが何度もある。

「健康保険に入っていないんですよね。そうすると病院代や薬代は10割負担。あっと言う間にお金が消えていくんです」

一昨年は仕事現場で左手の親指と人指し指の間に裂傷を負ってしまったが派遣先も派遣会社も知らん顔で治療費を出してくれなかった。

「パックリ口が開いちゃって黄色い膿が出てきたので病院へ行ったんですが保険証を持っていないと言ったら自己負担ですよ、ちゃんと払えますかとしつこく言われました」

3針縫って化膿止めと痛み止めの処方せんをもらい、2週間消毒や包帯交換で通院したら総額4万円の出費。

「今年は歯が悪くなって。左上の奥歯を1本抜いてブリッジを入れたんですが全部で9万円ぐらい掛かった。保険に入っていれば3割ですんだんですがね」

低賃金で保障のないところでも働かなければ生きていけない。しかし、そういう仕事では生活を立て直す資金を作ることは困難。だからいつまで経っても抜けられない。堂々巡りで出口が見えないのだ。

住所を失わないために

住まいは生活にとって重要な基盤のひとつであり、住居の安心がなくては暮らしの安心は成り立たない。また、生活していくうえでほぼすべての書類に住所や緊急時の連絡先を書く必要がある。それが書けなくなったとしたら社会的に信用されなくなる。住所あってこそ様々なことが可能になる。

ところが会社の倒産やリストラ、雇い止めで失業する危険もあり賃貸住宅で暮らしている場合だと家賃が払えなくなることもある。

家主にしろ家賃徴収や管理業務を委託されている不動産屋にしろ1日でも家賃支払いが遅れたら「どうなってんだ」と督促の電話を寄越す。事情はどうあれ家賃滞納が3ヵ月続いたら裁判を起こされ強制退去させられるのが普通だ。

こうなっては仕事を探すどころではなくなる。安定した住居がなければ就職したり落ち着いて暮らしたりすることは難しい。こんな事態に陥らないよう公的支援は可能な限り利用することだ。

そのひとつに住宅手当がある。これは失業者にアパートなどの家賃を補助し、安心して就職活動に専念できるよう支援する制度。対象は07年10月以降、離職に伴って会社の寮や社宅から退去を余儀なくされた人や借りているアパートの家賃が支払えなくなった人などに家賃補助をするもの。

補助金額は地域で異なり、東京都区市で暮らす単身者の場合、アルバイトなどの月収が8万4000円以下であれば月5万3700円を上限に家賃補助が出る。月収が8万4000円を超えると超過分が家賃補助から減額され、月収10万円で家賃が5万円だとすると補助額は3万4000円となる。残りは自己負担となるが補助があるのとないのでは大違いだ。

生活保護の住宅扶助も家賃を支給する制度だが預貯金をすべて失ってからでないと受給

できない。これに対し住宅手当は単身者の場合、預貯金が50万円以下であれば利用できるのも特徴だ。

ただ、新たにアパートを借りるとなると敷金、礼金、前家賃も必要になる。この初期費用の工面が困難な場合は社会福祉協議会が40万円以内での貸し付けをしてくれる。最悪の場合、寒空の下で途方に暮れるか、このような制度を知っているかで再出発できるか否かが決まってしまう。とにかく情報を集めることが肝要なのだ。

格差社会の居住術

証言者の菊池さんはゲストハウスを利用しているが、安く寝泊まりできる場所がもうひとつある。簡易旅館だ。

元々は日雇い労働者のために作られたものだが最近は旅行者が安い料金で泊まれるからありがたいと利用することもある。関東で代表的なのは東京都台東区の山谷地区と横浜市寿町近辺だが1泊の料金は1800～2200円程度で長期滞在の場合は月極契約もしてくれる。

家のない貧困層の代名詞的なネットカフェ難民の場合、利用する店にもよるがナイトパックで8～10時間の利用料は１６００～２０００円。30日利用すると安くても5万円。高い店なら6万円だ。荷物を保管しておくコインロッカー代を入れると7万円近くが出ていってしまう。

１人当たりのスペースも畳１枚半程度。隣との仕切りは薄っぺらい合板１枚だから物音や独り言が耳障りでおちおち眠ることもできない。引き戸には鍵がないから置き引きや盗難もしょっちゅうある。

この点、簡易旅館の長期契約ならアパートと同じで出入り自由。粗末な南京錠だが、外出するときに施錠しておけば少しは安心だ。

部屋は2畳、３畳程度で広くはないが完全個室、共同の浴室や洗濯室を完備しているところもあるのでどこかの会社の独身寮と大差ない。経営者に頼めば一時的に住民票を移して住所にすることも可能な宿があるから行政サービスを受けることもできる。

実際に山谷で暮らしている比較的若い世代の人に聞いてみると次のような答えが返ってくる。

「泊まっているのは1泊１８００円のところ。布団を敷いたら足の踏み場もないけど荷物も置いておける。交通の便もよくて上野まで10分だから仕事場へ行くのも便利だよ。宿の名前が○○荘だから仕事場の仲間や会社の人たちは普通のアパートで暮らしていると思っ

ている。友だちや彼女を招待するのは気が引けるけどね」（建設作業員・34歳）
「旅館なのに個室DVD店のナイトパックと同じ料金。ロビーに共用のパソコンがあってインターネットができる、驚きでしたね。飲食店もミニスーパーもあるので生活するのに不便は感じません。裏通りは物騒らしいけど」（倉庫作業日雇い・28歳）
「労働者の街というだけあって物価が安い。よく行くご飯屋さんは日替わり定食が480円だもの。弁当屋さんの値段も、どれも余所より100円安い。夜になると野宿する人がいて最初はびっくりしたけど今は気にならなくなった」（運輸アルバイト・31歳）
「自分はビジネスホテルにいるんですが月極契約にしたら2000円おまけしてくれたので1ヵ月の宿代は5万8000円です。前は派遣工をやっていて派遣会社が借り上げたボロアパートを又貸しで使っていたのですが使用料は水道・光熱費込みで6万円も取られていた。それに比べたら天国だよ」（日々紹介専業・26歳）
ここに滞在しながら日々紹介や日払いアルバイトでお金を貯めて、もうちょっとで出ていけそうだという青年もいた。この人は30歳で、今は下請けの清掃サービス会社でフルタイムのアルバイトをして生計を立てているそうだが、新年からは契約社員に格上げされるという。
「もう1年8ヵ月ぐらいいるんですが、ここに一度住むと居心地が良すぎてなかなか抜けられない。アパートに入るとしてもこの近くがいいなって思ってるんだ」というようなことを言っていた。

繰り返すが住居、住所は生活していく上で必要不可欠。自分を自分だと証明できなければ仕事を探すことも公的支援を受けることもできない。そうならないよう利用できるものは何でも利用するという図々しさも生きていくには必要なスキルだ。

WORK NO.16

生活保護受給者の生活

氏名／岡村邦彦（57歳）　出身地／千葉県君津市　現住所／東京都内
最終学歴／高校卒　主な職歴／印刷会社約30年勤務→業務請負会社、日雇い派遣など約8年
現在の職業／無職　収入／生活保護費約13万円　家族構成／近親者なし

何もしないのが仕事

「今は特に何かをしているということじゃない。何もしないのが仕事みたいなものです」

平日の昼日中、岡村さんは有楽町にある国際フォーラムの広場で時間を潰していた。ビジネスマンやOLたち、少しお金に余裕のありそうな年配の女性たちが行き交う場所だが岡村さんは誰かと待ち合わせをしているというわけではない。とにかく時間が経つのを待っているだけだ。

「事情があって今は福祉団体の世話になっています。とりあえず寮で他の人たちと共同生活をしているのですが、やることもやらなくてはならないこともない。寮にいても退屈で仕方ないからあちこちへ行って夕方になるのを待っているわけです」

現在、岡村さんは生活保護を受給している。東京都の場合、生活保護受給者には都営交通の無料パスも支給される。なので寮から40分近く歩いて地下鉄の駅へ行き、各路線の街をブラブラして夕方になるのを待っているのだ。

つい半月前に58歳になったという岡村さんは7年ほど前（09年）までは中堅の印刷会社に勤めていて、オフセット印刷や写真製版の技能職として働いていた。

「高校を卒業して就職したのが昭和52年（77年）のことです。班長から主任に昇格したし収入も勤労者の平均額と同じくらいはあったんだよ。その頃はこんなことになるとは露ほども思っていなかった」

勤めていた会社の業績が落ち始めたのは03年頃から。年収は何年も下がり続けたしリストラで人減らしもあった。それでも縁があって就職したのだからと頑張っていたがリーマンショック後の09年6月に会社が倒産。このとき51歳。

「私生活もいいことはなかったな……。離婚しちゃったしさ」

結婚したのは88年、30歳のときで離婚したのが92年、34歳だった。

離婚の原因は元妻のパチンコ中毒。パチンコ代欲しさに消費者金融数社から200万円近い借金をしていたそうだ。

「ほとんどをわたしが肩代わりしたんだよ。そのときは今後、一切パチンコはやりませんということで決着したのですが、それから1年も経たないでパチンコ屋通いが始まってしまってね。また100万円ぐらい借金をこしらえやがった」

夫婦間の信頼関係は完全に崩壊し「もう一緒には暮らせない」と離婚したという。

「子どもがいなかったから親権だ、養育費だと揉めることはなかった。自分としては馬鹿な女と縁切りできてホッとしました」

まだ存命だった両親や会社の上司からは再婚を勧められたが、もう面倒くさくなってずっとそのまま。独り身を通してきた。

「会社は倒産しちゃったけど国の立替払制度で未払いの給料や退職金の一部は回収できました。失業手当もあったので生活がすぐにヤバくなるということはなかった。就職活動もちゃんとやっていたんですがね」

ところが景気は悪くなる一方で失業率が急上昇していたご時世。再就職はまったく進まない。数社の面接に臨んだものの不採用の連続で生活に黄色信号が灯り始めた。

壊れていく生活

「失業手当が終了したあとはハローワーク通いをしながら日雇い派遣、パート・アルバイトを組み合わせて働いていました。どこでどんな仕事をしても時給は950円前後だった」

1日8時間、月25日働けば19万円以上になるが現実には4〜6時間勤務だったり、派遣では空白期間も生じるので月収は12〜13万円が精一杯だった。

「この金額ではおっさん1人でも赤字ですよ。蓄えを切り崩す竹の子生活でしたね」

300万円ほどの預貯金があったものの、毎月4〜5万円引き出していたから年間で50万円以上が消えていく。

「もう年齢が50歳超えてたから正社員で再就職するのは絶望的です。マンションの通勤管理員の募集があったので説明会に行ってみたら募集5人のところへ120人以上が押し掛けていたもの。頭が痛くなったよ」

年齢不問となっている求人も年齢制限を設けると年齢差別になるという役所の指導で表向き年齢不問としているだけ。現実には40歳まで、45歳までとなっている場合が多い。

「正社員は当然だけど契約や嘱託でも50歳が上限という感じだったよ。だけど派遣、パートなら50歳超えていても何とかなるんだ。時給にしたら900〜1000円で不安定だというけど、それしかありません。雇用形態がどうのこうのより働いて収入を得るしかないでしょ、空からお金が降ってくるわけじゃないんだから」

倉庫での商品仕分け、ビル清掃、お菓子工場、弁当工場、イベント会場の設営・撤去作業、引越し作業……。日雇い派遣、10日前後の短期派遣、パートなどでこういう肉体労働の現場をグルグル回っていた。

「収入は多い月だと15万円、少ないと11万円。こんなものです。もうギリギリの生活でしたね」

家賃、社会保険料、水道光熱費などの固定費を払うと手元に残るのは多くても5万円ぐらい。

「食べていくのがやっとという状態でしたね」

生活が破綻したのは14年初めのこと。体調を崩したからだ。

「風邪をひいちゃって、早くに病院へ行っていたら大事にはならなかったのに医療費をケチっちゃって売薬で我慢していたんです。ところが2週間ぐらい経ったときに息苦しくなって熱も40度近くまで上がってしまいました」

慌てて病院に駆け込んだら重度の肺炎、命を落とすと言われ即入院することになった。

「3週間入院したんですね。治療費と差額ベッド代で26万円の請求書が来ました」

これでわずかに残っていた預貯金もあらかた底をついた。退院しても1週間は安静にしているようにと強く警告されていたので仕事どころではない。

「入院する前は宅配会社の集荷センターで4時間、ミニスーパーで3時間のパートを掛け持ちしていたのですが、両方から別の人を採ったのでもう来なくていいとクビにされました。保証のないのは承知の上だから仕方ない」

日雇い派遣から衣替えした日々紹介、クリーニング工場の夜勤パート、チラシ配りなど使ってくれるところがあれば何でもやったが働ける日は少なく、月収は10万円あればいい方。家賃の滞納が始まってしまった。

そしてホームレスに

「家賃は1日でも振り込みが遅れると管理会社から、どうなってるんだと催促の電話があります。わたしの場合は事情を話して翌月に2ヵ月分まとめて払うということにしてもらったのですが本当は払える目処はなかった」

翌月の支払日に何とか1ヵ月分は振り込んだが全額は無理。更に2ヵ月滞納したところで管理会社の社員と家主が乗り込んできた。

「未払いは合計3ヵ月分、保証金で2ヵ月分は相殺する。1ヵ月分は諦める、払わなくていい。頼むから出ていってくれというのが家主の要求でした」

簡易裁判を起こしても時間が掛かるだけ。暮らしぶりから察するに支払い能力はなさそうだ。それなら早く退去させて新しい店子を入れた方が損失は少ない。これが家主の考え方だった。

「その場で5日以内に退去する。移送ができない家財道具は廃棄処分してもいいという念書を書かされました」

ボストンバッグとリュックサックに入れられるものだけを詰めて住まいを放棄したのが14年9月のこと。

既に両親は他界しており妹も名古屋在住、頼れる人は誰もいない。ネットカフェや個室DVD店しか雨露をしのげる場所がなかった。

「しばらくは日々紹介の日払い仕事が週に2、3日あったので野宿まで至らなかったのですが年末年始は9日間も仕事がなかった。これでパンクしました」

1月の寒空の下、新宿、渋谷、池袋の公園やバスターミナルで過ごしていたが、ある日NPOを名乗る男が近づいてきた。

「生活を再建しましょう。わたしたちがサポートします」「とりあえず生活保護を受けながら仕事を探してみては」と声を掛けられたのだ。

　頼れる人も相談できる人もいない岡村さんにしてみれば地獄に仏。誘われるままついてゆき寄宿舎に入居。言われるまま生活保護を申請した。ところがこれがとんだ食わせ者。貧困ビジネスの道具としてうまく使われることになる。

「寮は、元はどこかの会社の独身寮だったみたいです」

　建物は3階建てで1階にはロビーのような共同スペースがあり、浴場と洗濯室もある。トイレは各階にあり共同で使用している。部屋の広さは5畳ぐらいで半間の物入れがしつらえてある。

「家具はオフィスに置いてあるようなスチール製のロッカーだけ。あとは布団が一組という殺風景なものです」

　岡村さんの生活保護費は月約13万3０００円だが支給されるとすぐに施設の管理者に回収される。住居費5万3０００円、食費4万円、福利厚生費として1万円が抜かれ、残った3万円が活動費という名目で渡されるということだ。

　生活を再建させようと近づいてきたが求人を開拓するとか職探しを手伝うようなことはしない。「国が面倒見てくれるんだからゆっくりしましょう」みたいなことを言うだけ。

　運営者から見たら入居者は打ち出の小槌。やる気を出されたり元気になられたらピンハネできない。だから働かないように仕向けるのだ。

寮での生活は味気ないの一言。

「食事は三食出るけど朝は菓子パン2個と牛乳。昼と夜は給食弁当だけ。こうやって外に出なかったら飯を食って寝るだけだよ」

寮に入っている他の人との交流はまったくない。岡村さんもそうだが事情があってハウスレスになった人ばかり、自慢できる人生を送ってきたわけではないから自分の来歴を話したりはしない。尋ねるのもご法度。

「部屋にいても息が詰まるだけだからね、こうやって徘徊しているわけさ。行くのは各地の図書館とか文化センターだけですよ、お金が掛からないから。貸し出しカードを作ればインターネットが使えるし、たまにだけど映画会もやっている。毎日が日曜日というか、隠居したおじいちゃんみたいなものだな」

自分が金儲けの道具として利用されているのは分かっている。だけど雨露をしのげて1日三度の食事にありつける。病院や歯科医院で医療を受けられるのも事業者のお蔭だというのも事実だ。「人を利用するんじゃない」と啖呵を切って出ていっても行くところがない。

「アパートを追い出されたあとの1ヵ月で体重は4キロも落ちた。3日間も何も食べていないと体温が下がって寒くて仕方なかったし耳の聴こえも悪くなった。周囲が黄色っぽく見えたりしたこともあった」

空腹に耐えられずコンビニの廃棄弁当を口にしたときは涙が滲んできた。またあんな生活に戻ったらという恐怖心が強いのだ。

貧困ビジネスの実態

「ホームレスなんて怠惰な奴ら、まったく無価値な存在」と思うのが世間一般の多数派だろうが悪知恵の働く人たちからみるとお宝、打ち出の小槌。岡村さんのように困窮生活を余儀なくされている人たちを巧みに利用してビジネスを展開している業者があちこちに跋扈している。

貧困に喘いでいる人たちを利用して、それを金儲けの道具にするというのは悪質だが、こうした業者がホームレスの人たちの生活改善につながっているという側面も否定できない。

ホームレスの人たちは基本的に住所不定のため生活保護を申請しても認定されにくい。何かのきっかけがなければいつまでも路上生活から抜け出せないし、生活保護を受けられる資格があっても保護の対象になることができない。

結局のところ、ホームレスに対する行政の支援策が不十分なため、それを金儲けのチャンスととらえた業者、団体が付け込んでくるという構造になってしまっているのだ。

ここでつくづく思うのは、悪い奴らは頭がいいということだ。法律の盲点やグレーゾーンを探し出す嗅覚は大したもの。演技もうまく、似非ボランティア団体の人間が高齢ホームレスの身の上話を聞いて涙をポロポロ流し「おじさんは苦労したんですね」と同情する素振りは役者顔負けだ。

ホームレスの多くは人と会話することに飢えているので甘い言葉で騙すのは造作もないこと。赤子の手を捻るようなものなのだろう。

こういった弱い立場の人を利用して金儲けする悪徳ビジネスは後を絶たないし、次々に新手の商法が出てくる。こういう輩を監視するべき行政は頼りないし、警察は犯罪事実を確認しなければ動けない。

結局のところは真っ当な支援団体や人権派の弁護士などが戸籍や家族関係のことを聞いてくる人には注意してと忠告したり、生活保護の相談や申請に付き添ってやるしかない。

職業ホームレス

WORK NO.17

氏名／橋本博己（47歳） 出身地／静岡県掛川市 現住所／都内を転々 最終学歴／高校卒
主な職歴／家具製造会社4年→メッキ工場2年→新聞販売店2年。以後は水商売、風俗産業に
現在の職業／自称プロホームレス 収入／月収8～10万円弱 家族構成／近親者なし

俺は気ままな自由人

「最近は行政の監視が厳しくてね、以前のように同じところに定住するのはほとんど不可能になっている。半月前からここ（北区赤羽台公園とその周辺）にいるけど段ボール小屋を建てたりブルーシートを張ったりしたらすぐに撤去される。だから荷物は植え込みの中に置いて普通に公園に来たという体でいないとマズいんだよ」

この3ヵ月間だけでも池袋・新宿・錦糸町と居場所を変えている橋本さんは移動型のホー

ムレス。家のない生活はそろそろ7年になるという。

「東京に来てから自分の家なんてありませんでしたよ。ずっと公園暮らしや河川敷生活をしていたわけじゃないぜ。でも住んでいたのは会社や店の寮とか借り上げたアパートの一室。自分で敷金や保証金を払って契約し、家賃を払っていたことはない。勤めを辞めたら出ていかなきゃならないわけだからずっとホームレスみたいなものだったのかもな」

09年の9月頃に住居を消失したという橋本さんは、こういう事態に至った原因を「俺は変わり者だから」と言う。

「子どもの頃から我慢とか辛抱ってのが苦手で嫌なことや気に入らないことがあると途端にむくれちゃうんだよ。だから仕事も長続きしなくて転々としちゃいましたね」

88年に高校を卒業して就職したのは木工・家具製造会社。工場勤務だったが先輩や上司と衝突して4年ほどで退社。次にメッキ工場に勤めたが、ここも同僚と大喧嘩して2年でクビ。その次は新聞販売店に入ったが仕事が面白くなくてやはり2年ちょっとで自ら辞めた。いわゆる堅気の仕事に就いていたのはここまで。

「26歳頃からは水商売とか風俗をいくつかやったんだな」

最初は大衆キャバレーのボーイで次はピンサロのキャッチ兼ホール係。歌舞伎町にあった裏ビデオ店の店員、ラブホテルのフロント兼雑用、性感エステの雇われ店長……。こんな感じで実入りのいいところがあるとすぐに商売替えしていたということだ。

「風俗の最後はデリヘルで一応マネージャーということだったんだけどオーナーとひと悶着あって辞める羽目になったんだ。そのときもボロアパートを寮としてあてがわれていたんですが3日で出ていけってわけでさ、宿無しになっちまったんだよ」

クビになって寮を追い出されたのは09年9月中頃。ちょうど40歳のときだった。

「だらしないとかいい加減だって思うだろうけど、ホームレスとかネットカフェ難民なんていうのは俺みたいないなのが多いんだよ。ちゃんとした会社勤めができない奴、計画性のない奴、先のことを考えることが苦手な奴……。あちこちで少し話す同業者には俺みたいなのが結構いますよ。一種の病気かな」

こうなったのは自分の性分に起因するところが大きい。だから誰かを恨むとか社会に文句があるということはない、すべて自分の責任だと思っている。

「ホームレスのなかにはリストラされて生活がパンクしちゃったとか借金をこさえて逃げ回っているとか、商売をしくじってスッカラカンになったというのが多いみたいだし、たまにだけど酒とクスリで頭がおかしくなっちまったのもいる。だけど俺はそういう連中とは違うんだ」

失業して路上に放り出されメソメソしているような柔な人間じゃない。

サバイバルな生活術

ホームレスになっても生きていかなければならない、生きていくためにはお金が絶対に必要だ。食い扶持を得るためには頭を使うし情報も集めている。

「前は雑誌拾いで結構稼げたことがあったんだ。現代、ポスト、文春とかモーニング、ヤングジャンプのようなコミック誌で最新号だと30～50円で買い取ってくれたから1日2000円ぐらいになっていた」

そのうち自分で青空書店をやるようになり新橋、上野、大塚辺りの駅前や高架下で商いを始めた。捨て本を調達してくるのは高齢のホームレス。1冊30円で買い取って100～120円で売るのだからボロい商売。多い日は1日4000～5000円の儲けがあったこともある。

「ところがあれは無許可でやっているわけだから警察がうるさいんですよ。公道の不法占拠だ、往来の妨害だっていうわけ。ゴチャゴチャ言っとったらしょっ引くぞって怒鳴られたこともありましたね。若い警官には、お前、もうちょっとまともな仕事しろよと罵倒されたりも」

それでも山手線、京浜東北線、地下鉄数路線の駅前や昇降口前で露天をやって週2万円近く稼いでいたからしぶとい。

「最近はもう駄目だね､肝心の物が手に入らない。駅のゴミ箱に鍵が付けられるようになったから頂戴できないんですよ」

ここのところは資源ゴミ回収が漁り場に変わっているが、結構な上物がゴミとして捨てられていることがある。

「大辞林とか広辞苑、家庭の医学なんてのがケース付きで出ていることがあるんだ。これはいい値段で売れるんです」

あとはアダルト系のＤＶＤ付き雑誌。『四十路妻～』とか『美熟女～』というやつでＤＶＤ本体が残っているものは１５０～２００円也。

集めた書籍、雑誌を持ち込むのは個人経営的な古本屋。ブックオフのようなチェーン展開しているところは身分証明書の提示を求められるが昔ながらの古本屋はうるさいことを言われないから。

書籍、雑誌に限らず都会のごみ捨て場には何の問題もなく使えるもの、金になるものが埋もれている。まず衣類。特に金持ちが住んでいる地域のゴミ集積所を夜中に回るとスーツやコート、ニット製品、ダウン製品が無造作に捨てられている。中にはクリーニングカバーが付いたままのものがゴミとして出されている。こういうものを古着屋に持ち込めば200円、300円の値が付くものがある。

「この防寒着（コンバースのダウンジャケット）だって麻布のゴミ捨て場にあったものでさ。傷んでいるところはないしサイズもピッタリだからありがたく使っている」

この他にもネルシャツ、トレーナー、セーター、アポロキャップなど自分で使っているものが多くある。

ビジネス街にあるオフィスビルのゴミ置場も金目のものがザックザク。

「最新の大型ビルはセキュリティーが厳しくてな。ゴミ置場の出入口や中に監視カメラがあるんだよ。そんなところでゴソゴソやっているとすぐに警備員が来て追い出される。だから俺が狙うのは古い中型ビル、特に週末でテナントの引越しがあるときにぶつかると大漁なんだ」

ノートパソコン、ラジカセ、文房具・事務用品、応接室のテーブルに置いてあるような台座付きのタバコ入れ、ライター、灰皿のセット、小型の液晶テレビ。こういうものが廃棄物として出されているのだ。

「笑っちゃうのがそのビルの清掃を請負っている会社の作業員が金目のものを探しているんだよな。何ヶ所かでは顔馴染みの人ができて、俺はいらないけどこれ持っていく？　ってデスクスタンドやビジネスバッグなどを取り置いてくれてるんだ」

出された粗大ゴミを処理するのだって費用が掛かる。テナントから費用は徴収しているのだろうが持っていってくれればその分の費用は清掃会社のポッケに入る。だから黙認してくれているのだろう。

こうやって集めた品物はリサイクルショップや古道具屋に持っていくが、ここにも市場原理が働いている。

「ノートパソコンは年式や状態によって違うけど4000～7000円になるんだ。人気のあるのはソニーのバイオ、だけどウィンドウズXPはサポートが終了しているので状態が良くても2000円が上限ですね」

デスクスタンドも白熱電球タイプは100～150円だが蛍光灯とLEDライトタイプだと300～400円。ラジカセはワイドFMが受信できるかできないかで買い取り値段が違ってくる。廃品回収だって頭を使うか使わないかで実入りが違うのだ。

週休2日、月収9万3000円の生活

橋本さんは廃品回収の他にも週2日ほど日雇い仕事をしていて、その収入も大きい。た

だし求人情報誌で見つけた日払いアルバイトや派遣ではなく手配師経由のもの。

「浅草の辺りにいたときに仕事しねえかって声を掛けられてね、建物解体現場の雑用をやっているんだ」

仕事は絨毯、カーペット剥がしや砕いたコンクリート片の中に混ざっている鉄や釘を選別するもの。日雇い仕事のなかではド素人でもできると言われているものだ。日当は7000円で週2日、月8日やって5万6000円の稼ぎ。

先月は廃品回収で上物がいくつか手に入ったのでその売却益が約2万円。捨て本拾いで8000円。パチスロで9000円ほど稼げたので収入総額は9万3000円。

「都心は排除がきついと言って多摩川や隅田川の川っ淵に引越したのがいるけど、そんなところじゃ稼げないでしょ。アルミ缶拾いで1日500円、ブルーシートや段ボールで暮らすなんてまっぴらだ」

都心部や繁華街なら水の調達やトイレにも困ることはない。それも大きな理由だ。

ここ数ヵ月の週間スケジュールは月曜日が日雇い仕事、火曜日は夜9時頃までフリータイムで夜が更けてから不燃ゴミや集団回収で出された資源ゴミ漁り。水曜日は前夜に集めたものをリサイクルショップや古着屋に持ち込んで換金、木曜日は日雇い仕事。金曜日は夕方からテナントビル、雑居ビルのゴミ捨て場を回って金目のものを探し、土曜日の午前中にまたリサイクルショップなどに持ち込む。そして日曜日は完全休養日ということだ。

　週当たり約2万円の収入があるから生活はそれなりに豊か。食事は100円コンビニで値引き処分になった惣菜パン、カップメン、おにぎりや揚げ物などで1日の食費は500〜600円。炊き出しの列に並んだりファストフード店の残飯漁りなどしたことはない。

　ねぐらも基本的に屋根のあるところ。7時間980円のネットカフェ、お金のあるときはサウナや簡易旅館。ファストフード店で朝まで粘ることもあるが100円の飲み物1杯だけなんてケチなことはしない。3、4杯おかわりする。

「困るのは居場所だな。家がないわけだからあちこちの街を移動するわけだけど、まずゆっくりできるところを探すようにしているんだ」

　日雇い仕事のない日、廃品回収に出かけるまでの間は公設の図書館、文化センター、生活センター、ショッピングモールのパブリックスペースなどを利用している。

　こうやって市民の海を泳いでいくのに最も必要なことは何か？　それは見た目。身なり風体をより普通の人に近付け、決して不潔感や不快感を与えないことだ。

「図書館には不衛生な方、悪臭を放つ方は退館してもらいますという貼り紙があるし、浮浪者みたいな格好じゃネットカフェにも入れてもらえない。日雇い仕事も使っちゃくれないよ。人は見た目。そういうこと」

ネットカフェに泊まるときは200～300円の別料金が必要でもシャワー室があるところにしているし、少なくなっているが探せばたいていの街に銭湯がある。常に清潔に保つよう努力は惜しまない。

服も拾ったものを持ち込む古着屋の最終処分品。ほつれや小さな染みがあるとカッターシャツやトレーナーは100円、チノパンやジーンズも500円しないで買える。下着類や靴下だって100円ショップで買える時代だから困ることはない。

一番お金の掛かるものは靴、こればかりは拾ったものではどうにもならない。

「捨ててある靴なんてのは破れていたり靴底に裂け目や穴ができたものしかない」

日雇い仕事の現場でも使えるぐらい丈夫で靴擦れを起こさないような上等なものだと1足4000円前後のスポーツシューズ。橋本さんの持ち物で最も値の張る代物だ。

週に一度はコインランドリーでお洗濯。乾燥機代はもったいないので洗った衣類は公園の遊具や植え込みで広げて乾かすが夏場は3時間でカラカラに乾く。

こうやって常に見た目に気を付けているから外見はやや若作りのオジサン。周囲に違和感なく溶け込んでいるので公共施設や商業施設で排除されたり警官に職務質問されたりすることはない。

「少し頭を使えば家がなくても定職がなくても都会なら生きていけるんだ」

自販機に備え付けられたゴミ箱からアルミ缶を集めていたり、閉店後のファストフード店の裏口で廃棄食品を漁っているホームレスを見ると「お前は馬鹿か、もうちょっと考えろ！」と思ってしまう。

都会の盲点を突くホームレスの生活術

ホームレスと聞いて悲惨な生活状況を思い浮かべるだろうが都会の盲点を突いて快適な生活をしているホームレスも存在する。かつて大規模なテント村があった上野公園、新宿中央公園などは行政の追い出しによりほとんど定住することができない。

しかし、管理・監視の甘い場所を見つけて定住することなく、おこぼれに預かって優雅な暮らしをしているホームレスもいる。

墓地や霊園は思いもよらぬ場所の最たるもので、特に春と秋のお彼岸が狙い目。お参りに来た人がお供え物として置いていったお菓子、カップ酒、缶ビール、タバコをくすねる不届き者がいる。

お供え物という特質から盗まれたとしても被害届を出されないことがホームレスにとって利点になっているのだろうが「缶ビールは生温くなっているんだな、キンキンに冷えたのだとありがたいんだけどよ」などと言っているのを聞くと「ふざけたことを言ってるんじゃない！」と怒る人がいるだろう。

その街の特性をうまく利用して、したたかに生きているホームレスも多い。原宿、青山はファッション街で小さなマンションメーカーも多い。こういうところが出した不良品や汚損品は事業ゴミで炭カルの袋に入れ、区役所、出張所、あるいは取扱店で処理券を買い（これが処理費用ということ）袋に貼って出さなければ回収車は持っていかない。『ルール違反です』という黄色いシールを貼られてそのままにされている袋から気に入った服を拾って着用しているから裏原宿系みたいなお洒落なホームレスが出没することがあるそうだ。

わずかな汚れや少しばかりの色むら程度のものは取っておき、数がまとまったらフリーマーケットに並べて（当然だが主催者に出店料を払うことはない）小商いし現金収入を得ている人もいる。たいした金額で売れるものではないだろうが元手はタダなのだからボロ儲けと言えなくもない。

丸の内、大手町などのビジネス街では昼間にホームレスを見ることはほとんどないが夕方を過ぎると、どこからともなく姿を現す移動型のホームレスはいる。身なりはなんとか普通レベルなので図書館や商業施設で時間を潰し、夜が更けると銀座へ。銀座には高級な飲食店が軒を連ねており、閉店後に出される食べ残しを求めてだ。

深夜0時過ぎに銀座7丁目の飲食店をグルグル回っていた60代前半のホームレスに話を聞いてみたら「炊き出しで食べるメシより銀座のゴミの方が美味い」と上機嫌。

この人の経験則では狙い目は座っただけでウン万円取られる高級クラブなのだそうだ。

「ああいう店じゃ食べ物を注文してもガツガツ食わないだろう。ほとんど手を付けていない状態で捨てられているんですよ。使い捨ての銀皿（100円ショップで売っているアルミトレー）ごと袋に入れて積んである」

かなり古そうだがウイスキーボトル、焼酎ボトルが出ていることもあり、一瓶にまとめれば濃い目の水割り2杯分ぐらいになるそうだ。

昨夜の食事はローストビーフ、帆立の焼き物、ほうれん草とベーコンのキッシュ。

「軽く晩酌もしたから結構なメシだよ」

宗教団体やボランティア団体の炊き出しだとおにぎり1個と豚汁、くず肉数切れしか入っていないカレーライス、ソーメン粥など。これに比べたら銀座の食べ残しの方が遙かに豪勢だ。

「カロリーの高いものが多いから糖尿病や痛風が心配だね」

この人、たまには焼き魚とか刺し身が食べたいと贅沢なことをのたまる。

このホームレスは、普段は隣の台東区の隅田川近辺で暮らしているそうで毎夜23時頃に出発して0時過ぎから銀座で食事。その後は神田、日本橋一帯を徘徊して廃品回収。週に5000円ぐらい稼いでいると言っていた。

「浜松町の方から自転車を漕いでやってくる同業者もいる。そいつは拾った廃棄弁当や菓子パンなんかを他のホームレスに売って儲けていると自慢していたな」

生活感のない街と他者への無関心をうまく利用し、快適な暮らしをしているというホームレスも少なからず存在するのだ。

おわりに

現在の雇用状況（16年上半期）がどういうことになっているかというと完全失業率は３％台の前半で求人倍率はすべての都道府県で史上初めて1倍を超えている。雇用はこの３年間で１１０万人増えていると統計上の数字は明るいのだがイマイチ実感がない。

リーマンショック後には完全失業率が６％目前まで上昇したし、企業内失業者も相当数いるということで実質的な失業率は８％前後と囁かれていた。これに比べると確かに現在の雇用状況は格段に改善されているのは事実だろう。

しかし、そこには求人格差、処遇格差、賃金格差も存在している。大手就職会社や専門管理的職種のみを扱うエージェントに来る求人と一般のハローワーク、フリーペーパーの就職情報誌にある求人では雲泥の差がある。

不動産会社：物件仕入・物件企画の立案実行、販売及びテナント誘致交渉。年俸８００万円＋業務実績によるインセンティブ

証券会社：投資コンサルタント、企業調査・証券アナリスト。法人新規開拓営業経験者、ＰＣスキル、英語力必須。出張多し。初年度年俸１１００万円を想定

こういったものがプロフェッショナル、エグゼクティブ向けの求人。

マンション管理会社：建物共用部分の清掃、廃棄物処理、宅配郵便物などの一時預かり。契約社員、給与18万円
給食サービス会社：受託社員食堂スタッフ。調理、盛り付け、食器洗浄など。日給７８４０円。売店スタッフ同時募集、アルバイト時給９４０円
これはハローワークや新聞折り込みにある求人。

正社員でもアルバイトでも求人は「１」。年収１０００万円クラスでも時給１０００円前後でも求人は「１」。中間層がゴッソリ抜けて高給取りと低所得者に二分されているのが現在の雇用実態なのではないか。これで雇用環境が大幅に改善されていると言われても納得はできない。これは多くの人が思っていることだと思う。

これだけ格差があって不満を抱いている人が多数存在している状況だが将来はもっと悲惨な状況になる恐れもある。仕事がなくなるということを考えなければならない時代がすぐにやってくる。

ここで言う仕事がなくなるというのは一時的な失業ではない。その仕事自体が世の中で不必要になって消滅してしまうことだ。

「そんなことはないだろう」と思う人もいるだろうが今でもその兆候はある。まずスーパー

のレジ、大型店にはセルフレジが設置されていて買い物客自身が精算しているところが増えてきた。当然、これまでレジチェッカーとして働いていた人は不必要になる。

　そう遠くない時代には紙の教科書からタブレット教科書に移行するだろう。そうなれば教科書や資料集、サブノートを作っていた教育関係の出版社は不必要だ。そのうち教員もパソコンが代行することになるかもしれない。

　東京都内にはゆりかもめや日暮里舎人ライナーという鉄道があるが、これには運転士がいない。すべてコントロールセンターで制御されている。将来的には多くの鉄道会社が無人運転を取り入れるだろう、そうなれば多くの運転士や車掌が淘汰される可能性が高い。

　ホワイトカラー的な仕事はどうだろう？　これも多くが消滅する可能性がある。現在でも総務、経理、人事の一部業務をアウトソーシングしている会社はある。具体的には出退勤の管理、有給休暇・忌引の管理、給与計算、社会保険に係わる届出、就業規則の作成、採用計画の策定、採用試験の初期段階の代行、月次決算、売掛金、買掛金、受取手形、支払手形の管理表作成など。こういう諸々の業務を専門の代行業者に下ろせば人減らしができるし人件費も抑制できる。

　また、人工知能やロボット技術の開発は日進月歩だからこれまでは人間がやっていた思考、判断、作業がそう遠くない将来にはこれらに取って代わられることもあるはず。そうなればここでもまた人が不必要になる。

今の社会は仕事があるが処遇が不公平、これが格差の元凶なのだがそう遠くない将来は安定的な仕事に就けるのはごく一部だけ、あとは低賃金の単純労働や機械、コンピューターに支配される人に分別される恐れが高い。そうなれば社会的階層が今より拡大し貧富の差もより大きくなる。

「格差はけしからんと騒いでいたが仕事があっただけまし」「昔は正社員が60％もいたんですね、今じゃ考えられません」等々。こんなことになっても不思議ではない。

雇用形態、賃金、保証など今ある格差はまだ序の口、将来はもっと酷い状況になるのではと思えてならない。新しい産業を立ち上げる、需要があって労働力が不足している分野に移行する、売り物になる資格、特技を習得する。このような発想を持たなければ状況を好転させるのは不可能だと強く感じる。

「格差、格差って聞き飽きた」「あらかた知っていること、新鮮味は薄い」「負け組の恨み言じゃねえか」という意見もあるだろうが自分が彼らと同じ状況にいたらどうするか、何を始めるか。少しでもこういうことを考察してもらえたらありがたい。

２０１６年９月　増田明利

〈著者プロフィール〉

増田明利（ますだ・あきとし）

昭和36年生まれ。昭和55年都立中野工業高校卒。

ルポライターとして取材活動を続けながら、現在は不動産管理会社に勤務。

平成15年よりホームレス支援者、NPO関係者との交流を持ち、長引く不況の現実や深刻な格差社会の現状を知り、声なき彼らの代弁者たらんと今回の取材を行う。

著書に「今日、ホームレスになった―平成格差社会編―」「今日、派遣をクビになった」「今日から日雇い労働者になった」「今日、会社が倒産した」「今日からワーキングプアになった」「本当にヤバイ就職活動」（いずれも彩図社）、「不況!! 東京路上サバイバル　ホームレス、28人の履歴書」（恒友出版）、「仕事がない！―求職中36人の叫び」（平凡社）がある。

貧困のハローワーク

平成28年10月12日　第1刷

著　者　増田明利
発行人　山田有司
発行所　株式会社　彩図社《さいずしゃ》
〒170-0005　東京都豊島区南大塚3-24-4 MTビル
TEL:03-5985-8213
FAX:03-5985-8224

印刷所　新灯印刷株式会社

URL：http://www.saiz.co.jp
Twitter：https://twitter.com/saiz_sha

ISBN978-4-8013-0176-4 C0195

現代社会の闇をえぐる増田明利の本

今日、ホームレスになった
―15 人のサラリーマン転落人生―

ISBN978-4-88392-872-9　文庫判　定価：619 円＋税

リストラ、倒産、ギャンブル、バブル崩壊、一家離散、住宅ローン……。順風満帆だった人生が突然崩壊する！　衝撃のノンフィクション。本書に書かれていることは他人事ではない。

今日から日雇い労働者になった
―日給 6000 円の仕事の現場―

ISBN978-4-8013-0025-5　文庫判　定価：619 円＋税

１万円のタネ銭を持ち、日雇い労働＆宿なし生活を１ヶ月間、敢行。ホームレス、ネットカフェ難民、日雇い労働者の生活とは？　骨太ノンフィクション。

今日からワーキングプアになった
―底辺労働にあえぐ 34 人の素顔―

ISBN978-4-8013-0107-8　文庫判　定価：619 円＋税

正社員でも生活できない人達、突然の失業で追い込まれた人達、女性ワーキングプアの実態、底辺労働に希望が見いだせない若者達など、現代社会のいびつな構造を明らかにする渾身のルポ。

今日、会社が倒産した
―16 人の企業倒産ドキュメンタリー―

ISBN978-4-8013-0157-3　文庫判　定価：630 円＋税

順風満帆な人生が、ある日突然、暗転する「倒産」という事件。経営者、幹部、社員……立場は違っていても、その出来事の衝撃度は計り知れないものがある。その時、あなたはどうしますか？